"十三五"普通高等教育规划教材
高职高专会计系列

会计分岗位实训

孙振丹 主编

立信会计出版社
LIXIN ACCOUNTING PUBLISHING HOUSE

图书在版编目(CIP)数据

会计分岗位实训 / 孙振丹主编. —上海：立信会计出版社,2016.8

“十三五”普通高等教育规划教材

ISBN 978-7-5429-5058-1

Ⅰ.①会… Ⅱ.①孙… Ⅲ.①会计学—高等学校—教材 Ⅳ.①F230

中国版本图书馆 CIP 数据核字(2016)第 194237 号

策划编辑　赵新民
责任编辑　赵新民
封面设计　南房间

会计分岗位实训
Kuaiji Fengangwei Shixun

出版发行	立信会计出版社		
地　　址	上海市中山西路 2230 号	邮政编码	200235
电　　话	(021)64411389	传　　真	(021)64411325
网　　址	www.lixinaph.com	电子邮箱	lxaph@sh163.net
网上书店	www.shlx.net	电　　话	(021)64411071
经　　销	各地新华书店		
印　　刷	上海万卷印刷股份有限公司		
开　　本	787 毫米×1 092 毫米	1/16	
印　　张	10.75		
字　　数	232 千字		
版　　次	2016 年 8 月第 1 版		
印　　次	2018 年 7 月第 2 次		
印　　数	3 101—6 200		
书　　号	ISBN 978-7-5429-5058-1/F		
定　　价	30.00 元		

前言 Foreword

《会计分岗位实训》是浙江省示范院校建设项目子项目——会计专业建设拆分项目——《企业会计》技能培训包的建设课程项目研究成果。

本教材基于会计职业岗位分析、具体会计工作过程的设计理念，通过与企业、行业的深度合作，将会计学科的内容有机地融入工作过程，形成具有操作性、整体性、个性化特点的结构，开发涵盖企业日常经济活动管理、经济业务核算的教学模块，分模块完成具体工作任务。本教材设计的内容旨在使学生熟悉会计岗位基础规范的要求与会计岗位工作程序，遵循并运用会计分岗位工作循环、业务流程的要求进行会计原始凭证的描述、传递、审核与分析；掌握各岗位会计处理的基本知识技能和方法，正确制作会计凭证、账簿、报表、分析报告，在实训中培养学生会计工作岗位必须具备的群体合作能力、业务分析能力、职业判断能力、调查研究能力和文字表达能力，按会计职业岗位要求，突出培养学生的岗位职业能力和创新创业能力。

我们设计的教学内容注重实训的可操作性、技术性和完整性，通过模拟真实的企业会计工作项目的操作，让学生接触企业日常经济管理、经济核算的全过程，建立会计工作岗位责任制，定期实现岗位轮换。本教材通过制订会计各岗位工作流程，指导学生完成会计工作任务。为满足学生按会计岗位分工的实训要求，本教材以海天公司 2015 年 12 月份经济业务为素材，设计 5 个会计岗位，100 笔日常经济业务，4 项财务管理案例供学生实训模拟。每笔经济业务均附有岗位流程图供学生参考，方便学生按会计岗位进行凭证的填制、审核、传递，账簿的分工登记，最后出具会计报表，完成财务分析报告。本教材编写组成员精心收集了大量来自企业一线的实际资料，整理形成了会计核算、财务管理、内部审计等工作情景，供学生系统实训。

本教材可作为各类高等院校财经类专业学生学习会计学课程的作业习题、会计工作技能的实训教材，也可以作为在职人员学习和掌握会计工作基础知识的参考用书。

本教材由浙江商业职业技术学院孙振丹副教授任主编，浙江杭萧钢构股份有限公司财务总监寿林平高级会计师任副主编，浙江商业职业技术学院财会金融学院副院长李传双教授、浙江商业职业技术学院陈晓红教授参与了本书的编写。

由于编者水平有限，会计核算及管理工作也在不断发展和完善，教材中难免存在不足之处，恳请读者批评指正，多提宝贵意见和建议，以便修订再版时完善。

编　者

目录 Contents

第四部分

第一部分

实训要求及岗位设置

一、会计分岗位实训教学目的及要求

二、会计岗位设置规范

三、会计分岗位实训具体要求

四、实训评价标准及考核办法

一、会计分岗位实训教学目的及要求

分岗轮岗区别大

目的及要求：通过实践，学生必须进一步熟悉会计岗位规范的要求与会计岗位工作程序；遵循并运用会计分岗位工作循环、业务流程的要求进行会计原始凭证的描述、传递、审核与分析；掌握各岗位会计处理的基本知识技能和方法，正确出具会计凭证、账簿、报表。学生在实训中可锻炼会计工作岗位必须具备的群体合作能力、业务分析能力、职业判断能力、调查研究能力和文字表达能力。根据会计业务需要设置会计手工工作岗位 5 个，建立会计工作岗位责任制，并将会计工作岗位进行有计划地轮换，以保证实践教学的目的和要求。本实训建议用 60 学时(连续两周)，安排学生在毕业实习前完成。

二、会计岗位设置规范

按照《会计基础工作规范》，本实训设置会计手工工作岗位 5 个；建立会计工作岗位责任制，并将公司会计人员的工作岗位进行有计划地轮换。具体会计岗位及其职责描述如下所示。

(一) 财务部经理岗位描述

1. 岗位职责

协助主管财务的副总经理具体领导本公司的财会工作；组织设计本公司财会制度，并负责贯彻执行；组织编制公司财务预算，并监督执行；参与公司的财务预测和经营决策，参与拟定经济合同、协议及其他经济文件；组织编制会计决算，检查分析财务成本计划执行情况；监督执行国家有关财会法规；负责具体组织公司筹资、投资、利润分配、成本、税务等财务会计管理工作；负责监交会计工作；负责计提盈余公积；负责向股东(投资者)分配利润的核算；负责编制利润分配表；考核分析利润及利润分配预算完成情况；稽核会计凭证和账表，编写财务情况说明书；负责会计档案的管理。

2. 内控要求

复核未交税金的明细账及总账余额；检查核对年初未交税金并分析、调整差异；检查利润分配比例同有关规定的符合程度；建立和完善对外投资决策机制，采用科学的决策方法进行决策；按照有关规定严格控制投资估算的精确度；必须参与对外投资项目决策的全过程，相关的协议应当由会计部门会签；加强对对外投资的盘点，以确认账实相符；加强对对外投资的价值增减、收益变动的跟踪管理；严格融资活动的授权审批控制，科学编制融资预算；保证会计资料的真实、合法、完整。

(二) 出纳岗位描述

1. 岗位职责

办理现金收支；办理银行结算业务；编制收、付款凭证；登记现金日记账、登记银行存款日记账，保管好库存现金，保管有价证券；保管有关印章，保管空白支票和空白发票、收据。

2. 内控要求

实行钱账分管，出纳员不得兼管总账；货币资金的收入、支出，必须立即入账不得拖延；各种收入均应集中在出纳部门办理，除特殊情况外，任何部门均不能私自出具收据凭证和白条；一切货币资金要及时存入银行，来不及存入银行的现金，必须放入保险箱；一切货币资金收入都要入账，要杜绝小金库；现金盘点表和银行存款余额调节表的编制应由出纳以外的第三者办理；出纳员每天工作结束应清点现金，并与现金日记账核对相符；财务主管人员应不定期抽查；发票和收据应事先按顺序编号，领用空白发票、收据要进行登记；凡金额超过国家规定的现金收支结算起点的业务，应一律通过银行转账结算；空白支票应由专人保管，签发支票应经由两人或两人以上共同办理，并实行印章分管；签发空白支票时，应写明抬头、用途和金额；每张收、付款凭证的制单、复核、审批、付款都应有经办人员签章，并及时加盖"收讫"或"付讫"章；作废的票据或收、付款凭证都应加盖"作废"戳记，并连同存根一并保存。

（三）总账会计岗位描述

1. 岗位职责

会同有关部门制定财产物资、工资、往来款项、财务成果的核算和管理办法，建立健全财产物资收、发、存的核算制度；负责财产物资、工资、往来款项、财务成果日常核算凭证的审核；定期进行往来款项的对账；负责总账的登记，编制科目汇总表、会计报表及会计报表附注。

2. 内控要求

应根据"以销定产、产销平衡"的原则，实行销售计划管理；销售业务尽可能按销售合同进行，会计部门应参与销售合同的签订；实行钱、账、物分管，开发货单与发货、开销售发票与收款人员应分开；销售合同、销售发票和发货单，须经过有关负责人审核签章后才能生效；要按规定的价格进行销售，不得擅自提价或降价；销售发票和发货单应事先按顺序编号，如有缺号，须查明原因，经批准后才能注销；产品发出后，应由专人负责收款，定期核对、清理应收账款，定期核对应收账款明细账；销售坏账处理及折扣处理应按规定的审批程序办理；销售退回须经有关负责人批准后才可办理销账和退款手续；废料、残料出售，应视同一般产品销售处理；应建立销售业务报告分析制度，以便考核销售计划完成情况，分析经营成果，改善销售经营环节，促使企业提高经营管理水平。

存货的采购与验收，必须由不同的人员协作完成；采购活动必须严格按批准的采购计划进行；存货的采购应尽可能与供应单位签订合同，收货部门应严格按合同的规定验收；货款的支付除按规定可以现金支付外，一律应通过银行办理结算；所有货款的支付凭证，均需经过审核，只有审核后的凭证，才能办理结算；建立严格的储备定额制度，以防止超储积压情况的发生；按月从供货方取得对账单，并与应付款项余额和未付凭单相调节。

（四）往来会计岗位职责

往来会计岗位协助会计主管人员建立健全与收支、往来有关的内部会计控制制度；正确确认、计算收入；填制往来业务记账凭证；登记往来、收入明细账。配合有关部门保证收入款项的及时回笼；收入款项被拒付时，要通知和督促有关部门及时处理。督促责任部门或人员及时清收应收款项和办理收回或偿还手续，防止遗漏。负责与对方债权（务）人核对往来账目，保证双方账面数额一致和无弄虚作假情况。积极掌握债务人的资信情况，并可建立债务人资信档案。计提坏账准备；对确实无法收回的应收款和不能支付的应付款项，应查明原因，并按规定报批处理。定期为有关部门或人员及相关领导提供收支、债权、债务信息。负责公司税金的计算、申报和解缴工作，期末结转损益；协助有关部门开展财务审计和年检。

（五）成本会计岗位职责

成本会计岗位根据规定的成本、费用开支范围和标准，审核原始凭证的合法性、合理性和真实性，审核费用发生的审批手续是否符合公司规定，填制相关记账凭证；计算生产成本，结转物资、成本、费用账户，并登记物资、成本、费用明细账；负责公司固定资产的财务管理，按月正确计提固定资产折旧，定期或不定期地组织清产核资工作。

三、会计分岗位实训具体要求

本教材模拟实际的会计岗位设置及岗位分工，经济业务均以东山市海天机械制造加工有限责任公司 2015 年 12 月份的资料为内容，一共安排了 100 笔会计核算的经济业务，4 项财务管理工作。结合海天公司的会计岗位分工情况，所设计的经济业务涵盖了公司 5 个会计手工工作岗位。考虑到会计工作凭证传递、核算程序、岗位职责等要求，在开始实训之前，请学生认真阅读教材的全部内容，按照教材的规划实施会计岗位分工，按指导教师设计的会计岗位轮换制度进行模拟操作，建议会计工作岗位轮换 3 次。具体要求如下所示。

（一）具体会计岗位分工

1. 财务部经理岗位

该岗位负责具体组织筹资、投资、利润分配、成本、税务等财务会计管理工作；负责计提盈余公积；负责向股东（投资者）分配利润的核算；负责编制所有者权益变动表；考核分析利润及利润分配预算完成情况；稽核会计凭证和账表，编写财务情况说明书；负责会计档案管理。

2. 出纳岗位

该岗位办理现金收支、银行结算业务；编制收、付款凭证；登记现金日记账、登记银行存款日记账；保管好库存现金、保管有价证券；保管有关印章、保管空白支票和空白发票、收据。

3. 总账会计岗位

该岗位负责财产物资、工资、往来款项、财务成果日常核算凭证的审核；定期进行往来款项的对账；负责总账的登记，编制科目汇总表、会计报表及会计报表附注。

4. 往来会计岗位

该岗位负责确认、计算收入；填制往来业务记账凭证；登记往来、收入明细账；负责与对方债权(务)人核对往来账目，保证双方账面数额一致和无弄虚作假情况；积极掌握债务人的资信情况，并可建立债务人资信档案；计提坏账准备。负责公司税金的计算、申报和解缴工作；期末结转损益。

5. 成本会计岗位

该岗位负责审核费用发生的审批手续是否符合公司规定，填制相关记账凭证；计算生产成本，结转物资、成本、费用账户，并登记物资、成本、费用明细账；按月计提固定资产折旧。

(二) 具体会计工作要求

(1) 开设总分类账户及其所属明细分类账户，并将余额记入账户的余额栏，在摘要栏写“承前页”。

(2) 实训教材中安排的经济业务会计核算所需的原始凭证有两种类别：①经济业务涉及的外来原始凭证，已经仿真附在教材中，可以在教材中按业务要求裁下。②自制原始凭证和由公司对外出具的原始凭证，按照指导教师发放的仿真空白票据、公司印鉴，根据经济业务的需要模拟填制。建议实训室设置模拟银行，开展公司货币资金日常交易和结算工作。

(3) 根据海天公司 2015 年 12 月份发生的经济业务，按岗位分工编制记账凭证。

(4) 按岗位分工，根据记账凭证或有关原始凭证登记日记账和明细账。

(5) 按岗位分工，根据记账凭证编制科目汇总表，并据以登记总账。总账与日记账和明细账核对相符后，根据总账资料编制总分类账户本期发生额和余额试算平衡表。

(6) 按岗位分工编制资产负债表、利润表、所有者权益变动表，编写财务情况说明书、财务分析报告。

四、实训评价标准及考核办法

(一) 考核范围

会计分岗位实训教材设计 100 笔经济业务的会计核算，4 项财务管理工作的评估决策，各会计岗位职责完成情况，各会计岗位工作规范达标情况，账证、账账、账表是否相符。按事先分配的会计岗位，考核岗位分工、凭证传递、会计账册表、财务分析评估报告的完成情况。

(二) 考核方式

检查会计凭证、账表、评估报告。学生按岗位分工，现场模拟操作。

（三）分数比例

岗位分工合理占 10%，原始凭证审核占 20%，记账凭证填制占 25%，会计账簿登记占 20%，财务报表编制占 15%，财务评估报告占 10%。考核时分别不同会计岗位进行，最后考虑会计各个岗位合作情况综合评定成绩。

第二部分

实训操作安排

一、第一轮实训

二、第二轮实训

三、第三轮实训

四、实训总结

会计技能大盘点

一、第一轮实训

第一轮实训操作安排如表 2-1 所示。

表 2-1

第一轮实训操作安排

时　间	具体项目实训操作步骤、结果
第一轮 第一天	8:30～10:30 介绍会计各岗位分工要求、岗位职责、工作流程，组织实训学生合理分组，完成岗位分工。 分发实训所需的材料、资料，介绍实训过程中需要的相关知识。经济业务涉及的外来原始凭证均按统一要求仿真附在教材中；自制原始凭证和由公司对外出具的原始凭证则需自己准备，按照经济业务的需要准备全部仿真的空白票据、公司印鉴，设置模拟银行开展公司日常交易和结算工作。 模拟海天公司经济业务内容，设置财务经理、出纳、总账会计、往来会计、成本会计 5 个岗位，按会计分岗位实训教材熟悉和掌握并运用岗位描述的内容进行模拟。 11:00～16:00 (1) 熟悉各会计岗位的业务流程、资料凭证传递、岗位分工、团体合作内部控制等内容。 (2) 准备单、证、账、表、办公用品。 (3) 熟悉《会计分岗位模拟实训指导书》的内容、要求，安排学生岗位分工，进行岗位模拟。 (4) 按岗位分工开设总分类账户及其所属明细分类账户，并将余额记入账户的余额栏。 (5) 完成第 1～30 笔经济业务的核算，编制记账凭证。 (6) 审核第 1～30 笔经济业务的记账凭证，根据审核无误的记账凭证登记总账、明细账。
第一轮 第二天	(1) 落实本部门各会计岗位不相容职务的分离及内部控制。 (2) 核查第 1～30 笔经济业务的有关资料及凭证。 (3) 完成第 31～80 笔经济业务的核算，编制收、付款的记账凭证。 (4) 根据原始凭证编制第 81～100 笔经济业务的记账凭证。 (5) 根据记账凭证分析并登记总分类账，明细账。 (6) 完成财务管理工作的评估报告。分析、汇总、整理公司有关分析资料、可行性分析报告。
第一轮 第三天	(1) 复核第 31～80 笔业务的现金、银行存款的明细账及总账余额。 (2) 分析第 81～100 笔经济业务内容，同其他岗位会计作好分工。 (3) 完成第 81～100 笔经济业务的核算，编制收、付款的记账凭证。 (4) 根据原始凭证编制第 81～100 笔经济业务的记账凭证。 (5) 根据审核无误的记账凭证登记总账、明细账。 (6) 根据年终会计报表及有关经济业务分析公司存货、成本两个方面在管理中存在的问题，完成分析报告。

二、第二轮实训

第二轮实训操作安排如表 2-2 所示。

表 2-2

第二论实训操作安排

时　间	具体项目实训操作步骤、结果
第二轮 第一天	(1) 熟悉各会计岗位的业务流程、资料凭证传递、岗位分工、团体合作内部控制等内容。 (2) 准备单、证、账、表、办公用品。 (3) 熟悉会计分岗位实训内容、要求，安排学生岗位分工，进行岗位模拟。 (4) 按岗位分工开设总分类账户及其所属明细分类账户，并将余额记入账户的余额栏。 (5) 完成第 1～30 笔经济业务的核算，编制记账凭证。 (6) 审核第 1～30 笔经济业务的记账凭证，根据审核无误的记账凭证登记总账、明细账。

（续表）

时　间	具体项目实训操作步骤、结果
第二轮 第二天	(1) 落实本部门各会计岗位不相容职务的分离及内部控制。 (2) 核查第 1～30 笔经济业务的有关资料及凭证。 (3) 完成第 31～80 笔经济业务的核算，编制收、付款的记账凭证。 (4) 根据原始凭证编制第 81～100 笔经济业务的记账凭证。 (5) 根据记账凭证分析并登记总分类账，明细账。 (6) 完成财务管理工作的评估报告。分析、汇总、整理公司有关可行性分析报告。
第二轮 第三天	(1) 复核第 31～80 笔业务的现金、银行存款的明细账及总账余额。 (2) 分析第 81～100 笔经济业务内容，同其他岗位会计作好分工。 (3) 完成第 81～100 笔经济业务的核算，编制收、付款的记账凭证。 (4) 根据原始凭证编制第 81～100 笔经济业务的记账凭证。 (5) 根据审核无误的记账凭证登记总账、明细账。 (6) 根据年终会计报表及有关经济业务分析公司存货、成本两个方面在管理中存在的问题，完成分析报告。

三、第三轮实训

第三轮实训操作安排如表 2-3 所示。

表 2-3

第三论实训操作安排

时　间	具体项目实训操作步骤、结果
第三轮 第一天	(1) 熟悉各会计岗位的业务流程、资料凭证传递、岗位分工、团体合作、内部控制等内容。 (2) 准备单、证、账、表、办公用品。 (3) 熟悉会计分岗位模拟实训内容、要求，安排学生岗位分工，进行岗位模拟。 (4) 按岗位分工开设总分类账户及其所属明细分类账户，并将余额记入账户的余额栏。 (5) 完成第 1～30 笔经济业务的核算，编制记账凭证。 (6) 审核第 1～30 笔经济业务的记账凭证，根据审核无误的记账凭证登记总账、明细账。
第三轮 第二天	(1) 落实本部门各会计岗位不相容职务的分离及内部控制。 (2) 核查第 1～30 笔经济业务的有关资料及凭证。 (3) 完成第 31～80 笔经济业务的核算，编制收、付款的记账凭证。 (4) 根据原始凭证编制第 81～100 笔经济业务的记账凭证。 (5) 根据记账凭证分析并登记总分类账，明细账。 (6) 完成财务管理工作的评估报告。分析、汇总、整理公司有关可行性分析报告。
第三轮 第三天	(1) 复核第 31～80 笔业务的现金、银行存款的明细账及总账余额。 (2) 分析第 81～100 笔经济业务内容，同其他岗位会计作好分工。 (3) 完成第 81～100 笔经济业务的核算，编制收、付款的记账凭证。 (4) 根据原始凭证编制第 81～100 笔经济业务的记账凭证。 (5) 根据审核无误的记账凭证登记总账、明细账。 (6) 根据年终会计报表及有关经济业务分析公司存货、成本两个方面在管理中存在的问题，完成分析报告。

四、实训总结

实训总结如表 2-4 所示。

表 2-4

实训总结

时 间	具体项目实训操作步骤、结果
第十天	(1) 整理、汇总、装订记账凭证、账簿、报表，按组别、岗位整理并归档各会计资料、文件。 (2) 实训学生完成实训报告，实训指导教师总结实训结果，结合实训资料初步给出实训成绩。 (3) 银行会计整理、汇总、装订银行结算凭单。 (4) 各会计岗位复核会计证、账、表等核算工作的规范性。 (5) 各会计岗位协助整理、汇总、装订会计文件。 (6) 所有会计文件归档。 (7) 实训指导教师指导学生书写实训报告。 (8) 实训指导教师总结实训教学成果。

第 三 部分

实训所需材料

一、分岗位实训教学安排

二、分岗位实训所需资料

会计技能大赛有哪些

一、分岗位实训教学安排

本实训教学组织按自然班级开展，实训材料按 50 人制的班级核算，计划学时 60 学时，建议第 5 学期集中两周在实训室模拟。每个班分成 10 组，每个小组 5 人组成一个财务部，5 人分岗位各自模拟完成相应的工作，并在第一轮结束时出具公司的证、账、表及评估报告，第二轮开始前 5 人的岗位轮换后再进行第二轮模拟，并在第二轮结束时出具公司的证、账、表及评估报告，及至第三轮换岗实训结束。

二、分岗位实训所需资料

每组每轮会计分岗位实训所需材料如表 3-1 所示。

表 3-1

分岗位实训所需资料

一、记账凭证	
记账凭证	3 本
二、各类账页	
1. 总分类账页	40 张
2. 数量金额式明细账	20 张
3. 三栏式明细账	50 张
4. 多栏式明细账	5 张
5. 平行登记式明细账	5 张
三、科目汇总表	
科目汇总表	3 张
四、会计报表	
1. 资产负债表	2 张
2. 利润表	2 张
五、其他	
1. 档案袋	1 个
2. 包角纸	2 个
3. 凭证封面	2 张
4. 账夹	1 副
六、仿真原始凭证份数	
1. 现金支票	10 份
2. 转账支票	15 份
3. 银行承兑汇票	3 份
4. 商业承兑汇票	3 份
5. 托收承付	10 份

（续表）

6. 电汇	4份
7. 信汇	4份
8. 委托收款	4份
9. 借款借据	2份
10. 进账单	15份
11. 现金缴款单	2份
12. 增值税专用发票	20份
13. 增值税普通发票	22份
14. 借支单	5份
15. 差旅费报销单	10份
16. 备用金结算单	5份
17. 领料单	20份
18. 入库验收单	20份
19. 托收承付拒付理由书	3份
20. 增值税纳税申报表	1份
21. 地方税申报表	1份
22. 所得税申报表	1份
23. 复写纸	5张
24. 银行汇票委托书	2份
25. 银行贷款收款凭证	2份
26. 应交增值税明细表	2份
27. 科目专用章	1盒
28. 财务专用章	1枚
29. 收、付讫章	4枚

第四部分

实训内容

一、海天有限责任公司基本情况

二、主要会计政策

三、有关会计核算工作的资料

四、有关财务管理工作的资料

附 原始凭证

一、海天有限责任公司基本情况

财务会计工作表格设计

本教材中的海天有限责任公司，是一家从事仪表盘、减震器等产品的机械制造及加工的股份制企业。海天机械制造加工有限责任公司（以下简称海天公司）注册资本为人民币 1 000 万元，其股东分别是：光大百货公司 380 万元，占注册资本的 38%；四通汽车销售服务公司 350 万元，占注册资本的 35%；伟业建材公司 270 万元，占注册资本的 27%。公司核定为一般纳税人企业。

公司在册职工总数为 230 人。公司下设采购部、生产部、销售部、财务部、人事部、基建部等部门。生产部下设一个基本生产车间，生产仪表盘、减震器；设有机修车间和动力车间两个辅助生产车间，为基本生产车间提供服务。公司的有关情况如下所示。

财务会计工作制度设计

单位名称：海天机械制造加工有限责任公司

开户银行：中国工商银行东山市支行

账　　号：160103175500100922

税 务 号：350602004575888

公司地址：东山市康元路 162 号

电　　话：0130-55374151

法定代表人：江孝天

二、主要会计政策

（一）会计年度

以公历 1 月 1 日起至 12 月 31 日止为一个会计年度。

（二）记账本位币

以人民币为记账本位币。

（三）记账基础和计价原则

会计核算以权责发生制为记账基础，资产以历史成本为计价原则。其后如果发生减值，则按规定计提减值准备。

（四）坏账准备的计提方法和标准

对坏账核算采用备抵法。公司于期末按照应收款项账面余额 1%的比例提取坏账准备。

（五）存货核算

（1）存货分为原材料（包括辅助材料）、在产品、产成品、包装物、低值易耗品五大类。

（2）存货盘存制度采用永续盘存制。

（3）原材料、包装物、低值易耗品按计划成本核算，购入材料成本差异月末一并结转，发出材料成本差异率分别按原材料、包装物、低值易耗品（含其他辅助材料）分类计算（保留小数点后两位小数），低值易耗品和包装物发出成本的结转采用一次摊销法；包装物随同产品一起出售，不单独计价；产成品发出成本按全月一次加权平均法计算。

（六）产品成本计算方法

（1）产品成本计算方法采用品种法；完工产品与在产品费用分配采用完工程度约当产量法。工资费用的分配采用生产工时比例分配法；制造费用的分配采用生产工时比例分配法。

（2）辅助生产费用采用直接分配法核算（辅助生产车间不设"制造费用"账户）。

（七）长期股权投资核算方法

采用权益法核算的长期股权投资，对长期投资取得时的初始投资成本与在被投资单位所有者权益中所占的份额有借方差额的，按 10 年的期限平均摊销。

（八）固定资产折旧方法

固定资产的折旧采用平均年限法计算。

（九）无形资产计价和摊销方法

无形资产按取得时的实际成本计价，并按其预计受益年限平均摊销。具体摊销年限如表 4-1 所示。

表 4-1

摊 销 年 限

类　别	摊销年限
专利权	10
专有技术	10

（十）借款利息的处理方法

短期借款利息按季结算，按月预提。长期借款按年计提利息，1 年结算一次。

（十一）所得税的会计处理方法

所得税会计处理采用资产负债表债务法。公司的所得税按季预交，年终清算。

（十二）会计核算形式

采用科目汇总表核算形式进行会计核算。

（十三）主要税项、税率及附加

主要税项、税率及附加如表 4-2 所示。

表 4-2

主要税项、税率及附加

税　项	税　率
增值税	17%，运输费 11%，简易纳税 6%
城市维护建设税	7%
教育费附加	3%

三、有关会计核算工作的资料

(一) 海天公司 2014 年 12 月 31 日资产负债表

海天公司 2014 年 12 月 31 日资产负债表如表 4-3 所示。

表 4-3

海天公司资产负债表　　　　单位:元

资　产	金　额	负债及所有者权益	金　额
流动资产:		流动负债:	
货币资金	1 283 533.15	短期借款	6 000 000.00
以公允价值计量且其变动计入当期损益的金融资产	200 000.00	以公允价值计量且其变动计入当期损益的金融负债	
应收票据		应付票据	
应收账款	336 179.82	应付账款	558 735.55
预付款项	125 200.00	预收款项	
应收利息		应付职工薪酬	162 618.08
应收股利		应交税费	1 087 482.35
其他应收款		应付利息	112 000.00
存货	4 586 138.70	应付股利	
一年内到期的非流动资产		其他应付款	311 500.00
其他流动资产		一年内到期的非流动负债	
流动资产合计	6 531 051.67	流动负债合计	8 232 335.98
非流动资产:		其他流动负债	
可供出售金融资产		非流动负债:	
持有至到期投资	220 000.00	长期借款	
长期应收款	530 000.00	应付债券	
长期股权投资		长期应付款	
投资性房地产		专项应付款	
固定资产	13 456 043.90	预计负债	
在建工程	3 546 500.00	递延所得税负债	
工程物资		其他非流动负债	
固定资产清理		非流动负债合计	

（续表）

资　产	金　额	负债及所有者权益	金　额
生产性生物资产油气资产		负债合计	8 232 335.98
无形资产	296 432.00	所有者权益（或股东权益）：	
开发支出		实收资本（或股本）	10 000 000.00
商誉		资本公积	380 000.00
长期待摊费用		盈余公积	4 220 886.00
递延所得税资产		未分配利润	1 746 805.59
其他非流动资产			
非流动资产合计	18 048 975.90	所有者权益合计	16 347 691.59
资产总计	24 580 027.57	负债及所有者权益总计	24 580 027.57

（二）海天公司损益类账户资料

海天公司损益类账户资料如表 4-4 所示。

表 4-4

海天公司损益类账户资料　　单位：元

项　目	2015 年 1～11 月累计金额	2014 年度
主营业务收入	59 418 920.00	58 965 427.00
其他业务收入	123 400.00	
投资收益	8 000.00	
营业外收入	12 600.00	24 653.80
主营业务成本	43 355 464.00	44 783 456.00
营业税金及附加	411 657.09	369 725.00
其他业务成本	94 990.00	
销售费用	6 160 000.00	6 580 000.00
管理费用	3 369 961.02	3 397 812.00
财务费用	156 339.67	153 790.00
营业外支出	185 726.95	15 124.00
所得税费用	1 923 497.82	1 217 757.35

注 1：投资收益属于国库券利息收入；营业外收入全部为固定资产清理收入；1～11 月份的所得税均未调整，所得税税率 25%，其中，已预交前三个季度所得税款 1 089 053.00 元。

注 2：固定资产原价：15 942 763.98 元，累计折旧：2 486 720.08 元。

（三）海天公司 2015 年 11 月 30 日账户余额表

海天公司 2015 年 11 月 30 日账户余额如表 4-5 所示。

表 4-5

海天公司账户余额表

单位:元

总账科目	明细账户	余额		备注
		借方	贷方	
库存现金		1 000.56		
银行存款		1 584 300.95		
其他货币资金		39 500.00		
	外埠存款	9 500.00		存入舞阳市工商银行
	信用卡存款	30 000.00		最低限额存款
交易性金融资产		200 000.00		
	股票投资	200 000.00		银河钢铁股票 2 万股
应收票据		993 000.00		
	深圳永安公司 海南福顺公司	850 000.00 143 000.00		
应收账款		2 123 500.93		
	上海华联公司 成都拓展公司 海南福顺公司	1 030 000.00 500 000.00 593 500.93		
坏账准备			90 494.00	年初余额,本年尚未计提
预付账款		222 380.00		
	往来货款:	20 000.00		
	福建晋江公司	20 000.00		
	待摊费用:	202 380.00		
	房屋租赁费 财产保险费 广告费	54 000.00 18 510.00 129 870.00		9 月 7 日支付 1 年的修理车间房屋租赁费,7 月 1 日支付半年的办公楼财产保险费,11 月 20 日支付 1 年的电视广告费
其他应收款		112 413.94		
	王伟 办公室备用金 公司食堂垫付款 通达运输公司赔款	1 750.00 5 000.00 55 663.94 50 000.00		定额备用金 11 月份个人伙食费
材料采购		892 550.00		
	原材料	892 550.00		
原材料		4 532 000.00		
	原料及主要材料 其他辅助材料 包装物	3 601 000.00 631 000.00 300 000.00		包装仪表盘专用箱
周转材料		302 000.00		
	在库低值易耗品	302 000.00		
材料成本差异		102 310.12		

（续表）

总账科目	明细账户	余额		备注
		借方	贷方	
	原材料 包装物 低耗品及辅材	98 890.12 3 920.00	 500.00 	
库存商品		2 299 600.00		
	仪表盘 减震器	1 680 000.00 619 600.00		
生产成本		198 788.00		
	基本生产成本： 仪表盘 减震器	 115 556.00 83 232.00		月末在产品成本
长期股权投资		530 000.00		
	其他投资	530 000.00		投资南山酒店，控股20%，项目在建
持有至到期投资		220 000.00		购买国库券
	其中：一年内到期投资	50 000.00		
固定资产		18 022 198.00		
	生产经营用固定资产 非生产经营用固定资产 出租固定资产 不需用固定资产	14 953 230.00 2 521 875.00 500 000.00 47 093.00		出租仓库一间
累计折旧			3 064 290.00	
在建工程		1 146 500.00		
	一号厂房改建工程	1 146 500.00		计划2013年完工
固定资产清理		6 800.00		
	报废设备、房屋清理	6 800.00		11月份清理完毕
无形资产		296 432.00		
	专利权 专有技术	225 000.00 71 432.00		月摊销额2 500 月摊销额800，该技术已出租
待处理财产损溢		16 300.00		
	待处理流动资产损溢	16 300.00		仓库橡胶、弹簧等材料报亏，原因待查

（续表）

总账科目	明细账户	余额		备注
		借方	贷方	
资产合计		30 686 790.50		已抵销备抵账户后的余额
短期借款			6 300 000.00	
	生产周转借款		6 300 000.00	月利息率 6‰
应付票据			100 000.00	
	广州三源公司		100 000.00	
应付账款			2 394 000.00	
	广州三源公司 上海华力公司 沈阳伟星公司		194 000.00 1 500 000.00 700 000.00	
预收账款			10 000.00	
	浙江红光公司 湖北潜江公司	30 000.00	 40 000.00	
其他应付款			99 830.90	
	东山市供水公司 东山市电力公司 存入保证金 大兴运输公司 个人养老保险 个人医疗保险		25 641.82 46 889.08 6 000.00 1 000.00 17 300.00 3 000.00	11月份工业用水费(不含税金额) 11月份工业用电费(不含税金额) 出租包装物押金，出租10个包装箱，每个押金600.00 运费 11月份 11月份
应付职工薪酬			472 614.66	
	应付工资 应付福利费		300 600.00 172 014.66	11月份工资
应交税费			531 317.72	11月份未交税费
	应交所得税 应交城市维护建设税 应交房产税 未交增值税 应交个人所得税 应交教育费附加		485 947.82 7 700.00 4 327.30 25 942.60 3 000.00 4 400.00	10月和11月份未交所得税
应付利息			12 000.00	
	借款利息		12 000.00	10月1日至11月30日利息
长期借款			1 000 000.00	7月1日取得两年期借款，年利率7.2%
	基建借款		1 000 000.00	用于一号厂房改建工程，当即投入50万元，10月1日又投入50万元

（续表）

总账科目	明细账户	余额		备注
		借方	贷方	
实收资本			10 000 000.00	
	光大百货公司 四通公司 伟业建材公司		3 800 000.00 3 500 000.00 2 700 000.00	
资本公积			380 000.00	
	其他资本公积		380 000.00	
盈余公积			3 734 938.18	
	法定盈余公积 任意盈余公积		2 663 324.63 1 071 613.55	
本年利润			3 905 283.45	1～11 月份的利润
利润分配	未分配利润		1 746 805.59	年初未分配利润
负债及权益合计			30 686 790.50	

（四）海天公司工资及业务招待费资料

海天公司工资及业务招待费资料如表 4-6 所示

表 4-6

海天公司工资及业务招待费资料　　金额单位:元

项目	金额	备注
1～11 月份累计发放职工工资总额	3 339 600.00	每月免税工资额＝230 人×1 500 元/人＝345 000 元
1～11 月份累计业务招待费发生额	210 000.00	按税法规定扣除
工会经费		按工资总额 2%计提，工会经费独立核算
职工教育经费		按工资总额的 2.5%计提
职工福利费		不大于工资总额的 14%计提

（五）海天公司其他有关明细账资料

海天公司其他有关明细账资料如表 4-7、表 4-8、表 4-9 和表 4-10 所示。

表 4-7

原材料及周转材料明细账　　金额单位:元

品名		规格	单位	数量	计划单价	金额
原料及主要材料	橡胶盘 弹簧圈 空心线材 安装备件		千克 千克 千克 件	26 000 37 850 9 600 27 800	55.00 40.00 25.00 15.00	1 430 000.00 1 514 000.00 240 000.00 417 000.00
其他辅助材料				（略）		631 000.00
包装物			个	500	600.00	300 000.00
合计						4 532 000.00

表 4-8

材料采购明细资料

金额单位:元

供应单位	项 目	借 方				贷 方	余 额
		实际单价	运杂费	发票数量	合 计		
江苏耀江公司	橡胶盘	56.00		9 800 千克	548 800.00		
	安装备件	10.00		34 120 件	341 200.00		
合 计			2 550.00		890 000.00		892 550.00

表 4-9

产成品明细资料

产品名称	规 格	单 位	数 量	单位成本(元/件)	金 额(元)
仪表盘	(略)	件	3 500	480.00	1 680 000.00
减震器	(略)	件	1 600	387.25	619 600.00
合 计					2 299 600.00

表 4-10

生产成本明细账(月初在产品成本)

金额单位:元

产品名称	月初结存(数量)	成本项目			
		直接材料	直接人工	制造费用	合 计
仪表盘	360 件	69 333.60	13 866.72	32 355.68	115 556.00
减震器	300 件	49 939.20	9 987.84	23 304.96	83 232.00
合 计					198 788.00

(六) 海天公司 2015 年 12 月份发生的经济业务

1. 1 日,签发现金支票从银行提取现金 2 000 元备用。

业务流程:出纳开具现金支票→登记现金支票使用登记本→由财务经理审批后在支票存根签字(章)→由会计加盖银行预留印鉴(财务专用章和法人代表章)→出纳至银行提现→出纳编制记账凭证并登记日记账。

注意事项:(1) 开出的支票应填写完整,禁止签发空白金额、空白收款单位的支票。

(2) 开出的支票(汇票、电汇)收款单位名称应与合同、发票一致。

2. 1 日,仓库送来收料单,从江苏耀江公司购进的橡胶盘、安装备件运抵公司,仓库验收入库。

业务流程:成本会计核查所登记入库材料数量、单价、金额→抽出收料单第②联(材料稽核联)→编制记账凭证→登记明细分类账→与采购员传来的第④报账联副联配单。

注意事项:以上仓库明细账涉及原料库、包装库、低耗库、其他辅助材料库及成品库五大类库包含的所有明细账。

3. 2 日,收到银行转来托收承付结算凭证及有关增值税专用发票和货票账单，向福建晋江物资有限责任公司购进弹簧圈、空心线材两种材料各 1 000 千克，不含税单价分别为 38.20 元和 21.60 元，运费 1 550 元(其中增值税额 108.50 元)，两种材料已验收入库并收到仓库验收单，合同规定付款期限为 3 天。

业务流程：成本会计核查所登记入库材料数量、单价、金额→抽出收料单第②联(材料稽核联)→编制记账凭证→登记明细分类账→与采购员传来的第④报账联副联配单。

注意事项：(1) 采购发票必须真实、合法、有效，原则上须取得增值税专用发票。

(2) 取得的增值税专用发票须严格遵守填写规范。

(3) 运杂费须以收料单的形式与材料合计或单独计入相应材料价款中。

(4) 100 元以上运输专用发票须按运费金额(不包括包装费、装卸费、保险费等)7%计算进项税，扣税后的运费计入采购成本中。

(5) 收料单填写须规范完整，且“收料仓库”栏的填写与材料所属账本名称一致，收料单数量、金额与发票必须一致。

(6) 根据最新原辅料招标结果审查招标材料采购价格的执行情况，关注价格的波动情况，按季提供采购价格执行情况分析报告。

(7) 记账凭证摘要栏须注明材料名称及数量，并正确选取明细科目，注意区别同科目中相近客户名称、相同客户名称位于不同的科目中。

4. 2 日，业务经理李进准备出差去上海，借支差旅费 3 000 元，经分管业务副总朱子规签字批准，支付现金 500 元，余款签发现金支票交李进。

业务流程：出纳审核是否还清前欠款→审核借款额度→登记还款时间→编制记账凭证并登记日记账→传递往来会计登记往来明细账。

注意事项：(1) 前欠不清者，拒绝再借。

(2) 摘要栏中须注明借款用途、还款日期。

5. 3 日，出纳发现现金短款 100 元，原因尚未查明。

业务流程：出纳编制当日现金清查结果说明→编制记账凭证并登记日记账。

6. 3 日，向成都拓展公司催收货款，当即收到中国工商银行成都市分行转来成都拓展公司的等额“工行电汇通知单”一份。

业务流程：出纳从银行拿回电汇回款单据→编制记账凭证并登记日记账→传递往来会计登记往来明细账。

7. 4 日，办公室主任王利交来办公耗材增值税普通发票 1 980.93 元，餐饮服务增值税普通发票 2 840.00 元，经张总审批签字，开出现金支票交王利补足备用金定额。

业务流程：出纳收受管理部门相关人员交来的发票→审核发票上的审批手续是否完备→审核银行票据存根上是否有领用或收款人签字→编制记账凭证并登记日记账→传递成本会计登记费用明细账。

注意事项：(1) 非工资性费用支出须取得税务局监制的发票或收据，填写规范，大小写一致，无涂改痕迹，增值税票须严格遵守填写规范。

(2) 保证凭证及附件左上角整齐，附件长宽折叠以记账凭证大小为度，不能带有订书钉。

(3) 费用审核依据《费用控制办法》《差旅费开支范围及标准》《通讯费管理办法》等，其要点有：计划额度内费用须经部门负责人、分管领导、财务经理审批；计划外费用须有总经理批示的报告；差旅费须附审批后的行程安排表，招待费须附经审批的招待费用明细表。

(4) 支取现金的凭证编制完毕，若遇出纳无现金时，应暂时保存记账凭证，待出纳取回现金时通知领款。

(5) 报销人有前期欠款时，报销费用一律先冲抵欠款。

8. 5日，向福建晋江公司购进的材料承付期满，结清同福建晋江公司往来款，剩余款项承付。

业务流程：出纳审核发票及验收入库单→核对往来款并办理承付→收到银行划款通知单，编制记账凭证并登记日记账→传递往来会计登记明细账→传递成本会计登记物资明细账。

注意事项：(1) 付款时注意审核收款单位、材料供应单位、发票开具单位三者应一致。

(2) 有连续业务的客户单位应设立应付账款明细账户，设置账户时须正确选取省名、写明客户全称，编制记账凭证时实行收料、付款两条线应用明细账户。

(3) 编制记账凭证时须正确选取应付账款明细账户，注意区别同账户中相近客户名称、相同客户名称位于不同的科目中。

(4) 熟悉客户供货品种，各客户对应的采购员，便于账务清理和催促报账。

9. 5日，出售给浙江红光公司减震器800件，不含税单价475.50元，仪表盘1 800件，不含税单价580.00元，凭发货单开出增值税专用发票，商品由购货方自提，收到银行信汇凭证一份，结清浙江红光公司货款及往来款，当即填制进账单到银行进账并取回回单。

业务流程：出纳审核业务部门传来的销售发票记账联→与业务部门编制的销售业务明细表核对→核对往来款并填制进账单→至银行办理进账手续→编制记账凭证并登记日记账→传递往来会计登记往来明细账和收入明细账。

注意事项：按加权平均单价作为本期结转主营业务成本单价。

10. 5日，经财务部自查，3日出纳发现的现金短款100元，系出纳工作失误造成，经张总批准后，进行处理。

业务流程：往来会计根据批准报告编制记账凭证并登记往来明细账。

11. 5日，经公司董事会研究决定，以临街门市部100平方米向南源公司投资，期限2年。该门市部原值50万元，已提折旧8万元，双方确认价值45万元，同时投资现金10万元，签发转账支票交南源公司，即日办妥交接手续。

(投资总额占南源公司资本的10%,且对其无重大影响)

业务流程:(1) 成本会计审核对外投资合同→核实对外投资的固定资产原值、已使用年限及折旧提取情况→审核固定资产清理转出报告→登记投资及物资明细账。

(2) 出纳开具转账支票→登记转账支票使用登记本→由财务经理审批后在支票存根签字(章)→由会计加盖银行预留印鉴→出纳交给投资经办人至银行办理转账→出纳编制记账凭证并登记日记账。

12. 8日,向东山市国税局、地税局开出税收缴款书,上交11月份有关税款及附加。东山市地税局代市社保局收取11月份职工养老保险费64 000元,其中企业负担46 700元,职工个人负担17 300元。向东山市社保局交纳医疗保险费23 000元,其中企业负担20 000元,职工个人负担3 000元。签发专用支票支付。

业务流程:往来会计填制纳税申报表,出纳审核人力资源部开具的职工养老保险费、医疗保险费明细表→办理纳税申报取得税收通用缴款通知书和完税凭证并缴款→出纳编制记账凭证并登记日记账→传递往来会计登记往来明细账。

13. 8日,司机陈刚交来汽车燃油增值税普通发票,经张总签批,系公司办公用车耗油,金额2 340.80元,签发转账支票交付司机。

业务流程:出纳收受司机交来的发票→审核发票上的审批手续是否完备→审核银行票据存根上是否有领用或收款人签字→编制记账凭证并登记日记账→传递成本会计登记费用明细账。

14. 8日,向东山大学科技开发公司购入GMY专利一项,该专利权50万元,按合同规定,签发转账支票支付首期转让费10万元,其余部分于明年结清。

业务流程:出纳审核购买合同→签发转账支票付款→编制记账凭证并登记日记账→传递往来会计登记往来明细账。

15. 8日,向本市美能达公司出售减震器100件,不含税单价490.00元,开出增值税专用发票,商品由本公司货车运送,运输台班300.00元,开出收款收据一份。收到美能达公司转账支票一份,当即填制进账单到银行进账并取回回单。

业务流程:出纳审核业务部门传来的销售发票记账联→与业务部门编制的销售业务明细表核对→核对往来款并填制进账单→至银行办理进账手续→编制记账凭证并登记日记账→传递往来会计登记往来明细账和收入明细账。

16. 9日,采购员王伟采购材料返回,交来上海华力公司开具的增值税专用发票,内列空心线材500千克,不含税单价22.00元,安装备件100件,不含税单价10.50元,对方垫付运费货票一张共计700元,其中增值税49元。上述材料未到。王伟同时交来张总批示,将此次货款连同上海华力公司的往来款一并签发3个月期限月息4‰的商业承兑汇票,当即向银行申请办理。

业务流程:出纳审核发票→核对往来款并办理承兑→收到银行承兑通知单,编制记账凭证并登记日记账→传递往来会计登记往来明细账→传递成本会计登记物资明细账。

17. 9日,从本市劳保用品公司购入劳保服装200套,不含税单价90元,收到劳保用品公司开出的增值税专用发票及仓库验收单,经办人赵力洁签字,但没有审批领导签字。

业务流程:成本会计审核购货发票及验收入库单→编制记账凭证并登记物资明细账→传递往来会计登记往来明细账。

18. 10日,销售给本市永康公司仪表盘1 000件,不含税单价600.00元,凭发货单开出增值税专用发票,商品由购货方自提,合同规定付款条件为"2/10,1/20,n/30"。

业务流程:往来会计审核业务部门传来的销售发票记账联→与业务部门编制的销售业务明细表核对→核对往来款→编制记账凭证并登记往来明细账和收入明细账。

19. 10日,收到东山市环境保护局噪音污染罚款通知单,经张总签批,签发转账支票2 000.00元支付。

业务流程:出纳收受罚款通知单→审核发票上的审批手续是否完备→审核银行票据存根上是否有领用或收款人签字→编制记账凭证并登记日记账。

20. 10日,签发转账支票,将11月份应付工资扣除食堂垫付款后,打入职工工资卡(用提供工资结算单代替)。

业务流程:出纳审核人力资源部开具的工资支出证明单、工资结算汇总表→计算应发工资→计算应扣所得税、食堂代扣款→重新计算实发工资→汇总各部门工资→根据正式工资明细表开具扣款收据→凭正式工资汇总表、银行付款支票存根编制记账凭证并登记日记账→传递往来会计登记往来明细账。

21. 10日,向本市一小规模纳税企业江胜公司购进低值易耗品一批,润滑器10个,单价183.00元,磨擦刷30个,单价455.00元,核定计划单价分别为180.00元和460.00元,已验收入库,签发现金支票支付货款。

业务流程:出纳审核发票及验收入库单→核对往来款并办理转账→编制记账凭证并登记日记账→传递成本会计登记物资明细账。

22. 11日,销售给昆明西南有限责任公司产品一批,减震器1 000件,不含税单价485.00元,仪表盘2 000件,不含税单价600.00元,业务部门开出增值税发票及发货单,储运部门以转账支票支付代垫运杂费2 200.00元,财会部门根据增值税发票、代垫运费清单向银行办妥托收手续。按合同规定3日后承付。

业务流程:出纳审核业务部门传来的销售发票记账联→与业务部门编制的销售业务明细表核对→核对往来款→编制记账凭证并登记日记账→传递往来会计登记往来明细账和收入明细账。

23. 11 日，签发现金支票 16 000 元，支付一号厂房改建工程临时工人工资。

业务流程：出纳审核工程人员工资结算汇总表→凭工资汇总表、银行付款支票存根编制记账凭证并登记日记账→传递成本会计登记物资明细账。

24. 11 日，深圳永安有限责任公司签字承兑的 3 个月期的商业承兑汇票到期，票据利息 12 000 元，收到深圳永安公司等额银行汇票一份，当即填制银行进账单到银行进账，并取回回单。

业务流程：出纳收到汇票→填写进账单→至开户银行进账并取得回单→编制记账凭证并登记日记账→传递成本会计登记费用明细账→传递往来会计登记往来明细账。

25. 12 日，上海华力公司的材料运到，仓库交来验收入库单。

业务流程：成本会计核查所登记入库材料数量、单价、金额→抽出收料单第②联（材料稽核联）→编制记账凭证→登记物资明细分类账→与采购员传来的第④报账联副联配单。

26. 12 日，收到银行划账通知，系分别支付东山市供水公司、电力公司、电信局等单位的水费 30 000 元（其中增值税 4 358.18 元）、电费 54 030 元（其中增值税 7 140.92 元）、电话通讯费 2 369.77 元。银行一并转交东山市供水公司、电力公司、电信局开具的水费增值税发票、电费增值税发票和电信费增值税普通发票各一份。

业务流程：出纳审核发票→签发转账支票办理付款→编制记账凭证并登记日记账→传递往来会计登记往来明细账→传递成本会计登记费用明细账。

27. 12 日，采购员王伟出差回来报销差旅费，其中往返车票 260.00 元，住宿费 500.00 元，出租车费 279.00 元，住勤补贴费 100.00 元，餐费 460.00 元，结清其借支款。

业务流程：出纳审核差旅费发票完整、合法、金额正确→审核差旅费发票粘贴规范→审核审批手续是否完备→核对往来款项并出具备用金结算单→编制记账凭证并登记日记账——→传递往来会计登记往来明细账→传递成本会计登记费用明细账。

28. 12 日，持上个月 12 日由中国工商银行海口市分行签字承兑的、海南福顺有限责任公司 2 个月不带息商业汇票到本市中国工商银行营业部申请贴现，银行同意，办妥贴现手续，贴现率月息 4.8‰。

业务流程：出纳填写贴现申请表→至开户银行办理贴现并取得回单→编制记账凭证并登记日记账→传递成本会计登记费用明细账→传递往来会计登记往来明细账。

29. 15 日，经张总审批，司机陈刚赴长春购买 5T 解放运输汽车一辆，申请办理银行汇票一份，金额 30 万元，财会部门填制“银行汇票委托书”，办妥“银行汇票”交给陈刚。陈刚一并借支差旅费 1 000 元，经张总批准，以现金支付。

业务流程:出纳填制“银行汇票委托书”,至银行办理→审核是否还清前欠款→审核借款额度→登记还款时间→编制记账凭证并登记日记账→传递往来会计登记往来明细账。

30. 15 日,向舞阳市物资公司购入₡20 螺纹钢 5 吨,不含税单价2 500.00 元,水泥 50 吨,不含税单价 295.00 元,运费 1 500.00 元(其中增值税 105.00 元),根据增值税发票、运费货票及仓库收料单,填制银行信汇结算凭证汇出价税款,该批材料准备用于一号厂房改建工程。

业务流程:出纳审核发票及验收入库单→核对往来款并办理信汇结算→收到银行回单,编制记账凭证并登记日记账→传递成本会计登记物资明细账。

31. 15 日,业务经理李进出差返回,报销差旅费,其中往返机票 1 260.00 元,住宿费 1 000.00 元,出租车费 200.00 元,住勤补贴费 200.00 元,餐费 1 000.00元,结清其借支款。

业务流程:出纳审核差旅费发票完整、合法、金额正确→审核差旅费发票粘贴规范→审核审批手续是否完备→核对往来款项并出具备用金结算单→编制记账凭证并登记日记账——→传递往来会计登记往来明细账→传递成本会计登记费用明细账。

32. 15 日,11 日销售给昆明西南公司的一批产品,今日托收承付期限已满,对方已承付。

业务流程:出纳至银行办理进账手续→编制记账凭证并登记日记账→传递往来会计登记往来明细账。

33. 16 日,签发转账支票,向东山市第一建筑工程公司支付一号厂房改建工程进度款 150 000 元。

业务流程:出纳审核工程结算合同→至银行办理付款,编制记账凭证并登记日记账→传递往来会计登记往来明细账。

34. 16 日,销售给武汉江丰有限责任公司产品一批,减震器 500 件,不含税单价 490.00 元,仪表盘 900 件,不含税单价 605.00 元,业务部门开出增值税发票及发货单,储运部门以转账支票支付代垫运杂费 3 000.00 元,财会部门根据增值税发票、代垫运费清单向银行办妥托收手续。按合同规定 3 日后承付。

业务流程:出纳审核业务部门传来的销售发票记账联→与业务部门编制的销售业务明细表核对→核对往来款→编制记账凭证并登记日记账→传递往来会计登记往来明细账和收入明细账。

35. 16 日,申请成功一项新型实用专利,并已通过市专利局审批注册,公司签发转账支票支付专利注册登记费 13 000 元,聘请律师费 5 000 元。此外,该项技术在开发过程中发生的技术开发费 35 000 元已经记入“管理费用”账户。

业务流程:出纳审核专利申请经办人传来的发票→签发转账支票交经办人办理付款→编制记账凭证并登记日记账→传递成本会计登记物资明细账。

36. 16 日，出售月初闲置电机一台给湖北潜江公司，原价 50 000 元，已提折旧 10 000 元，预计使用 4 年，已使用 1 年，双方协商作价 38 000 元，约定结清湖北潜江公司往来款，余款当即去银行信汇汇出。

业务流程：(1) 成本会计审核对外销售合同→核实对外销售的固定资产原值、已使用年限及折旧提取情况→审核固定资产清理转出报告→登记物资明细账。

(2) 出纳开具信汇凭据→登记信汇使用登记本→由财务经理审批后签字(章)→由会计加盖银行预留印鉴→出纳交给销售经办人至银行办理信汇→出纳编制记账凭证并登记日记账→传递往来会计登记往来明细账。

37. 16 日，有证据证明大兴运输公司已倒闭，转销应付运费。

业务流程：往来会计编制记账凭证并登记往来明细账。

38. 17 日，主管生产王副总签批，仓库发放生产工人劳保服装 200 套，仓库交来发料单。

业务流程：成本会计审核领料单→编制记账凭证并登记物资明细账、费用明细账。

39. 17 日，仓库送来领料单，系领用₵20 螺纹钢 2.5 吨，水泥 25 吨，全部用于一号厂房改建工程。

业务流程：成本会计审核领料单→编制记账凭证并登记物资明细账。

40. 17 日，一号仓库因厂房改建提前报废，原价 100 000 元，已提折旧 80 000元，残料 25 000 元准备作重建仓库用，其他尚在处理中。

业务流程：成本会计审核固定资产报废单→核实固定资产原值、已使用年限及折旧提取情况→审核固定资产清理转出报告→编制记账凭证并登记物资明细账。

41. 17 日，收到昆明西南公司传真，称 11 日从本公司购入的一批仪表盘外观存在一些刮痕，要求给予销售折让。经公司业务经理认定，业务副总朱子规签字批准，同意给予 2%的折让，折让价款用银行电汇汇出，并根据西南公司所在地税务机关出具的“商品销售折让证明单”开出红字增值税发票寄往西南公司。

业务流程：出纳审核商品销售折让证明单及红字发票→办理电汇结算→编制记账凭证并登记日记账→传递往来会计登记收入明细账。

42. 18 日，从本市万象物资公司购入橡胶盘 500 千克，不含税单价 55.60 元，弹簧圈 400 千克，不含税单价 38.00 元，空心线材 500 千克，不含税单价 23.00 元，安装备件 100 件，不含税单价 15.40 元，收到万象公司开具的增值税发票、仓库收料单，材料自备货车提取，按合同签发 3 个月期的等额商业承兑汇票一份。

业务流程：出纳审核发票及验收入库单→核对往来款并办理票据结算→收到银行回单，编制记账凭证并登记日记账→传递成本会计登记物资明细账。

43. 18 日，仓库送来收料单，系从舞阳市物资有限责任公司购进橡胶盘

100 千克,不含税单价 53.00 元,弹簧圈 500 千克,不含税单价 36.00 元,空心线材 100 千克,不含税单价 20.00 元,安装备件 100 件,不含税单价 13.40 元,收到舞阳市物资有限责任公司开具的增值税发票,运费货票注明运输费 2 000.00元(其中增值税 140.00),划取原存入中国工商银行舞阳市支行的一笔采购专户存款,余款开具银行汇票汇出。

业务流程:出纳审核发票及验收入库单→核对往来款并办理外埠存款、汇票结算→收到银行回单,编制记账凭证并登记日记账→传递成本会计登记物资明细账。

44. 18 日,接银行通知,3 个月前签发的购买广州三源公司空心线材的票据今日到期,票据约定利率月息 5.5‰,当即向银行办理信汇付款。

业务流程:出纳收到付款通知→复核利息,填写信汇票据→至开户银行办理信汇并取得回单→编制记账凭证并登记日记账→传递成本会计登记费用明细账→传递往来会计登记往来明细账。

45. 18 日,以房产抵押向中国工商银行取得 6 个月的贷款 600 万元,月利率 6‰,办妥贷款手续,款项划入基本存款账户。

业务流程:出纳填写贷款申请表→至开户银行办理贷款并取得回单→在备查账中登记贷款期限、还款日期、利率→编制记账凭证并登记日记账。

注意事项:(1) 凭证摘要栏须注明贷款起止日期、利率。

(2) 根据还款时间、金额编入财务部月度资金计划中,及时提醒财务部长安排还贷资金。

46. 19 日,收到银行转来"异地托收承付部分拒付理由书",系 16 日销售给武汉江丰有限责任公司减震器多发货 50 件,江丰公司已经将多发的减震器 50 件退回并代垫运费 400 元,仓库送来验收单及江丰公司运费收据,并根据江丰公司所在地武汉税务机关出具的"商品销售退回证明单",开出红字退货增值税发票,余款收悉并交存银行。

业务流程:出纳审核退货销售单及红字发票→出纳至银行办理进账手续→根据运费收据编制记账凭证并登记日记账→传递往来会计登记收入明细账、往来明细账→成本会计根据退货验收单编制记账凭证并登记物资明细账、费用明细账。

47. 19 日,向山东富源物资有限责任公司购进橡胶盘 300 千克,不含税单价 54.50 元,弹簧圈 300 千克,不含税单价 36.00,空心线材 200 千克,不含税单价 22.50 元,安装备件 200 件,不含税单价 14.00 元,收到山东富源物资有限责任公司开具的增值税发票,运输货票运费 3 500.00 元(其中增值税245.00 元),按合同签发的托收承付委托书一份。仓库验收时发现橡胶盘、弹簧圈两种材料的规格有误不予验收,其他材料已验收入库。财会部门当即填制"异地托收承付部分拒付理由书"交付银行,银行同意办理拒付。同时签发转账支票代垫退回材料运费 1 800.00 元(其中增值税 126.00 元),余款一并通知银行承付。

业务流程：出纳审核发票及验收入库单→核对往来款并办理承付结算→收到银行回单，编制记账凭证并登记日记账→传递成本会计登记物资明细账。

48. 19日，司机陈刚交来购买长春5吨解放运输汽车增值税发票一份，不含税价21.80万元。一并交来住宿费发票450.00元，餐费发票280.00元，高速公路违章罚款单收据1 600.00元，汽车燃油专用发票500.00元，结清其借支。余款签发现金支票。

业务流程：出纳审核增值税发票、差旅费发票完整、合法、金额正确→审核发票粘贴规范→审核审批手续是否完备→核对往来款项并出具备用金结算单→编制记账凭证并登记日记账——→传递往来会计登记往来明细账→传递成本会计登记费用明细账、物资明细账。

49. 19日，收到本市永康公司转账支票一份，系付10日销售给该公司的货款，转账支票金额为扣除现金折扣后的款项。填制进账单送存银行。

业务流程：出纳收到支票，根据销售合同中付款条件审核现金折扣→填写进账单→至开户银行进账并取得回单→编制记账凭证并登记日记账→传递成本会计登记费用明细账→传递往来会计登记往来明细账。

50. 22日，收到银行转来"银行汇票余额退回单"，系退回15日司机陈刚赴长春购买5吨解放运输汽车签发的银行汇票余款。

业务流程：出纳收到银行汇票余额退回单→编制记账凭证并登记日记账。

51. 22日，签发转账支票归还到期短期借款500万元。

业务流程：出纳根据贷款合同签发转账支票→编制记账凭证并登记日记账。

52. 22日，向本市大通公司出售空心线材500千克，计税单价25.00元，开出增值税专用发票，收到等额转账支票一份，填制进账单送存银行。

业务流程：出纳审核外售材料批件→督促业务部开具发票→填制进账单送交银行→凭发票、回单编制记账凭证并登记日记账→传递往来会计登记收入明细账。

53. 22日，上个月委托本市包装用品公司加工专用包装箱200个，不含税单价570.00元，仓库送来收料单，根据包装用品公司开具的增值税发票，签发转账支票付款。

业务流程：出纳审核发票及验收入库单→核对往来款并办理转账结算→收到银行回单，编制记账凭证并登记日记账→传递成本会计登记物资明细账。

54. 22日，经公司董事会研究决定，签发转账支票，购入当日发行的3年期国库券20万元，年利率2.4%，国库券委托证券公司代管。

业务流程：出纳审核公司决议、有价证券代管单→办理转账结算→收到银行回单，编制记账凭证并登记日记账。

55. 23日，收到银行"借款利息结算单"，银行划转收取本年第四季度短期借款利息18 000.00元。

业务流程：出纳审核借款合同，复核计算利息→编制记账凭证并登记日记账→传递成本会计登记费用明细账。

注意事项：根据利息支出时间、金额及时向出纳查询余额是否足够支付利息，提醒出纳及时划转资金保证付息。

56. 23日，向本市新华机械厂收取专有技术使用费40 000.00元，收到转账支票一张，当即填制进账单到银行进账，并取回进账单回单。

业务流程：出纳审核租赁合同→填制进账单送交银行→凭回单编制记账凭证并登记日记账→传递往来会计登记收入明细账。

57. 23日，收到银行"存款利息结算单"，下半年银行存款利息1 800元。

业务流程：出纳审核借款合同→编制记账凭证并登记日记账→传递成本会计登记费用明细账。

58. 23日，接受客商王忠义先生捐赠现金10万元。当即交存银行，开具收据交付王先生。

业务流程：出纳开具收据交付王先生→填制现金进账单送交银行→凭回单编制记账凭证并登记日记账。

59. 24日，基本生产车间、机修车间、动力车间的车间主任分别交来餐饮服务增值税普通发票1 560.00元，慰问困难职工食品、日用品超市增值税普通发票2 799.00元，办公耗材增值税普通发票800.00元，主管生产王副总已签批，签发现金支票支付。

业务流程：出纳审核发票完整、合法、金额正确→审核发票粘贴规范→审核审批手续是否完备→签发现金支票交经办人→编制记账凭证并登记日记账→传递成本会计登记费用明细账。

60. 24日，经公司董事会研究决定，将暂时不需用的仓库300平方米出租给新华机械厂使用。该仓库账面原值30万元，出租合同规定租赁期18个月，年租金60 000.00元，按季预付。现行税法规定，租金按12%缴纳房产税，按6%缴纳增值税，当日收到新华机械厂转账支票一份，系付首期租金15 000.00元，交存银行。

业务流程：出纳审核租赁合同、往来会计审核税金→填制进账单送交银行→凭回单编制记账凭证并登记日记账→传递往来会计登记往来明细账、收入明细账。

61. 24日，10月份出租给本市物资公司的10个专用包装箱收回，财会部门按约定租金351元/个开出收款收据，从押金中扣除，其余签发现金支票退回。经仓库核实，该批专用包装箱不能继续使用，经张总批准将其报废，残料对外出售，开具收款收据取得现金1 000.00元。

业务流程：出纳审核租赁合同、报废批文→开出收款收据交经办人并收存现金→签发现金支票送交银行→凭回单编制记账凭证并登记日记账→传递往来会计登记往来明细账、收入明细账。

62. 24日，收到银行转来公司信用卡取款及透支利息通知单，系张总用牡丹卡支付在东山市紫金大酒店宴请答谢银行、税务、工商、技术监督、环保等部门有关人员的餐饮服务费用，餐饮服务增值税普通发票 42 840.00 元。透支利息 50 元。当即签发转账支票补足信用卡存款。

业务流程：出纳审核信用卡取款单、利息通知单，发票完整、合法、金额正确→审核票据粘贴规范→审核审批手续是否完备→签发支票交经办人→编制记账凭证并登记日记账→传递成本会计登记费用明细账。

63. 24 日，经协商向沈阳伟星有限责任公司抵账销售产品一批，减震器 700 件，不含税单价 505.00 元，仪表盘 700 件，不含税单价 610.00 元，开出增值税发票及发货单，储运部门凭货票以转账支票支付代垫运杂费 2 000.00 元（其中增值税 140 元），按协商合同规定余款 8 个月以后兑付。

业务流程：出纳审核业务部门传来的销售发票记账联→与业务部门编制的销售业务明细表核对→核对往来款→编制记账凭证并登记日记账→传递往来会计登记往来明细账和收入明细账。

64. 24 日，向上海华联公司销售产品一批，减震器 1 000 件，不含税单价 495.00，仪表盘 1 000 件，不含税单价 595.00 元，开出增值税发票及发货单，储运部门凭货票以转账支票支付运费 3 000.00 元（其中增值税 210 元），按协商合同规定运费由本公司负担，收到上海华联公司 2 个月带息银行承兑汇票一份。结清本次货款及前欠款的 50%。

业务流程：出纳审核业务部门传来的销售发票记账联→与业务部门编制的销售业务明细表核对→核对往来款→编制记账凭证并登记日记账→传递往来会计登记往来明细账和收入明细账。

65. 25 日，经公司办公会决定，张总签批，签发现金支票 23 000.00 交付工会杨主席，为职工办理新年礼物。下午工会杨主席交来好又多量贩店增值税普通发票，购买一批水果、海鲜计 22 467.25 元，余款收回现金，同时开具内部收款收据。

业务流程：出纳签发支票交经办人→审核发票→开具收款收据收存现金→编制记账凭证并登记日记账。

66. 25 日，本市常化五金公司送来焊条 1 000 千克，不含税单价 7.50 元，砂布 500 千克，不含税单价 3.60 元，螺丝螺帽 500 千克，不含税单价 4.70 元。核定的计划单价分别是 7.00 元，4.00 元，5.00 元。收到常化五金公司开具的增值税发票、仓库验收单，按约定该货款下个月支付。

业务流程：出纳审核发票及验收入库单→核对往来款→编制记账凭证并登记日记账→传递成本会计登记物资明细账→传递往来会计登记往来明细账。

67. 25 日，经公司办公会决定，张总签批，办公室主任王利交来预订明年《东山早报》《经济日报》《企业家杂志》等报纸杂志增值税普通发票 1 350.00 元，签发现金支票支付。

业务流程：出纳审核发票→签发现金支票→编制记账凭证并登记日记账→传递成本会计登记费用明细账。

68. 25 日，公司与湖北潜江公司签订销货合同，明年第一季度向湖北潜江公司提供减震器、仪表盘各 2 000 件，单价为实际加权成本加成 24%，合同规定湖北潜江有限责任公司在签约后即预付 100 万元的货款，余额在交清最后一批产品后付清。当即收到湖北潜江公司签发的等额银行汇票一份，填制进账单交存银行。

业务流程：出纳审核销货合同→复核预收款项，填制进账单→编制记账凭证并登记日记账。

69. 25 日，公司与银行签订了一份无追索权的应收账款出售协议，将海南福顺公司的 50 万元应收账款出售给银行，银行对该笔应收账款进行质量调查及对海南福顺公司进行信用调查后，今日同意付现 40 万元。协议约定银行按应收账款出售金额的 2%收取手续费。公司收到银行划入款项通知，并电告海南福顺公司直接将 50 万元于下月 20 日前支付给中国工商银行东山市支行。

业务流程：出纳审核出售协议及有关款项→核对往来款并办理银行结算→编制记账凭证并登记日记账→传递成本会计登记费用明细账→传递往来会计登记往来明细账。

70. 25 日，经公司董事会研究决定，委托君安证券公司将银河钢铁股票 2 万股出售，成交价每股 10.50 元，支付股票交易手续费 330.00 元，该股票自购买之日起至今未宣告发放股利。款项暂时存放君安证券公司。

业务流程：出纳审核公司决议、委托书及有关款项→编制记账凭证并登记日记账。

71. 25 日，经公司办公会决定，公司以减震器 200 件，公允价值和计税价格 510.00 元，仪表盘 350 件，公允价值和计税价格 620.00 元，换取上海通用汽车销售服务公司别克君威轿车一辆。公允价值 27 036 元（含税），收到上海通用汽车销售服务公司销售发票及 49 000.00 元的银行电汇凭证一份。仓库送来发料单。

业务流程：出纳审核公司决议、发票及有关款项→核对入库单、验收单→办理银行结算→编制记账凭证并登记日记账→传递成本会计登记物资明细账→传递往来会计登记往来明细账。

72. 26 日，经公司办公会决定，将在 11 月份一次交通事故中严重损坏的东风 5 吨运输车报废，原价 20 万元，已提折旧 9 万元，按交通事故认定书应向太平洋保险公司东山市分公司索取理赔款 7 万元。卡车残料 0.7 万元变卖给市废旧物资回收公司，收到现金交存银行。业务部交来固定资产报废单、清理核销单各一份。

业务流程：(1) 成本会计审核事故认定报告书、保险合同理条款→核实报废的固定资产原值、已使用年限及折旧提取情况→审核固定资产清理转出报告→登记物资明细账。

(2) 出纳开具收据收存现金并交存银行→出纳编制记账凭证并登记日记账→传递往来会计登记往来明细账。

73. 26日，收到银行“借款利息结算单”，系银行划转公司的一号厂房改建工程的借款利息。

业务流程：出纳审核借款合同，复核计算利息→编制记账凭证并登记日记账→传递成本会计登记费用明细账、物资明细账。

74. 26日，经公司董事会研究决定，购置职工浴室衣柜 11 000.00 元，盥洗设备 150 000.00 元，收到市家具大世界增值税普通发票一份，按约定明年 3 月份前支付款项。

业务流程：往来会计审核公司决议、发票→编制记账凭证并登记往来明细账→传递成本会计登记物资明细账。

75. 26日，经张总签批，拨让一批原材料给本市物资公司，橡胶盘 4 000 千克，计税单价 56.00 元，弹簧圈 5 000 千克，计税单价 42.00 元，空心线材 3 000千克，计税单价 27.00 元，安装备件 12 500 件，计税单价 16.00 元，货物自提，收到仓库发料单，约定市物资公司下月初付款。

业务流程：往来会计审核发料单、发票→核对往来款项→编制记账凭证并登记往来明细账。

76. 29日，人事部交来 1 500.00 元现金，系职工违章、违纪罚款，开具内部收款收据交人事部。

业务流程：出纳开具收款收据收存现金→编制记账凭证并登记日记账。

77. 29日，收到本市商业公司转账支票一份，系租用公司仓库本月租金 5 000.00元，当即填制银行进账单到银行进账，并取回回单。

业务流程：出纳审核租赁合同→填制银行进账单并取回回单→凭回单编制记账凭证并登记日记账→传递往来会计登记收入明细账。

78. 29日，职工刘伟交来市第一人民医院医药费发票 3 940.00 元，系工伤医药费，经张总签批，签发现金支票。

业务流程：出纳审核发票→编制记账凭证并登记日记账。

79. 30日，仓库送来 12 日的收料单，从山西北方公司运来橡胶盘 11 000 千克，弹簧圈 10 000 千克，空心线材 20 000 千克，安装备件 20 000 件，至今结算凭证尚未收到。

业务流程：成本会计核查所登记入库材料数量、单价、金额→抽出收料单第②联（材料稽核联）→按暂估入库编制记账凭证→登记明细分类账→与采购员传来的第④报账联副联配单。

80. 30日，计算本月应交车船税 1 500.00 元、房产税 4 270.50 元。

业务流程：往来会计填制纳税申报表→编制记账凭证并登记往来明细账→传递成本会计登记费用明细账。

81. 31日，开始结账，编制增值税纳税申报表，同时计算城乡维护建设税和教育费附加，并转账。

业务流程：往来会计填制纳税申报表→编制记账凭证并登记往来明细账。

注意事项：纳税申报工作流程如下所示。

第一，抄税。

按“发票使用明细表”格式录入当月已开具的发票→与销售核算岗核对收入金额→整理并装订发票存根→打印“发票使用明细表”并按月装订成册→按规定日期去税务局抄税。

注意事项：（1）办事处携外开具的普通发票，在核算收入当月进行抄税。

（2）保证所录入的销售发票税款金额与财务系统中的销项税一致，并且当月增值税销项=（销售收入+其他业务收入）×17%。

（3）增值税发票存根按每本25张装订，并计算每本销售额和税额与“发票使用明细表”对应，普通发票不必重新装订。

（4）清理装订发票存根过程中须注意作废发票是否所有联次齐全，红字发票是否附合法依据。

（5）抄税前须做到抄税软盘数据、IC卡数据、开具的全部专用发票存根联数据、专用发票使用台账四相符。

第二，抵扣。

收受主管岗传来的抵扣联按发票抵扣联→30日前将当月收到的增值税票抵扣联送税务局验证→按“发票抵扣联清单格式”录入当月增值税抵扣联→与财务系统核对当月进项税额→装订抵扣联→打印抵扣联清单并装订成册。

注意事项：（1）计算每本抵扣联进项税额，不同税率的进项税分别列示，并与抵扣联清单对应。

（2）及时向各会计岗位宣传抵扣联发票的填写、签章规则，以便能及时抵扣。

第三，申报税款。

每月10日前填写各类税款申报表→传主管岗审核→财务经理签章→申报→登记税票→申报表归类保存。

注意事项：（1）增值税、所得税、城市维护建设税及其他附加税、公积金按月申报，房产税分别于元月、7月分两次申报，车船税、城镇土地使用税于每季度第一个月申报，印花税年底一次申报。

（2）填写申报表时，应查询并扣除提前开具税票的税款金额，如出口交税、预交的其他税款应在已交税金栏中反映。

（3）各类税款申报金额以相关税法为依据。

（4）领到申报开具的各类税票后，分税种在税票登记本中登记。

（5）全年申报表应按税种分类装订成册。

第四，税款缴纳。

一是，申报月度资金计划。月末根据当月开票及抵扣情况、税款缴纳计划等预计下月税款所需资金→填写月度资金计划表→财务经理审核。

二是，税款缴纳。填写付款审批单→财务经理审批→填写进账单，连同税票和付款审批单交出纳办理银行结算手续→登记资金计划表→签收出纳传来的银行进账回执→在税票登记本中注销相应的税票→编制凭证。

（1）完税。

（2）划卡。

（3）从卡中完税。

（4）签收税务岗申报开具的公积金缴款凭证→填写付款审批单→财务经理签字→传出纳岗缴款→签收出纳岗传来的公积金缴款凭证存根→编制记账凭证。

（5）养老金。

签收出纳传来的养老金缴纳凭证→编制记账凭证。

注意事项：（1）金税卡在税票登划款时，同时将相应的税票交给征管员，并登记卡中备注后转交征管员。从税卡入库后，收到征管员传来的完税税票和付款凭证时，编制记账凭证，并在税票登记本中注销该票。

（2）编制完税记账凭证时，摘要栏中须注明票号和所属期。

第五，发票的领购及使用。

根据发票和收据需求量及时填写票据领购凭证→财务经理盖章→去税务局购买→登记所购票据→存保险柜→登记发放情况→领用人签名→编制当月票据领用情况表。

注意事项：（1）及时购买所需的票据，随时满足领用需求。

（2）票据按本发放，领用人须交回用完后的票据存根，换领新的票据。

（3）领购的空白票据须妥善保管，谨防丢失。

82. 31日，计算并摊销应由本月各部门承担的房屋租赁费、财产保险费、广告费。

业务流程：成本会计填制摊销分配表→编制记账凭证并登记费用明细账。

83. 31日，摊销本月负担的无形资产价值。

业务流程：成本会计填制摊销分配表→编制记账凭证并登记费用明细账。

84. 31日，按规定提取率计提坏账准备。

业务流程：成本会计填制坏账准备提取表→编制记账凭证并登记费用明细账。

85. 31日，根据考勤记录、工资结算汇总表、产品产量及耗用工时记录表、职工食堂伙食费扣款明细表（该伙食费已计入本月业务招待费），填制工资费用分配表、工资费用分配汇总表，并转账。本月份工资发放情况如下：生产工人191 000元，车间管理人员11 800元，机修车间15 000元，动力车间9 100元，公司管理部门65 000元，浴室、医务室5 200元，一号厂房改建工程管理人员6 500元，代垫职工食堂伙食46 115元，个人负担养老保险17 300元，个人负担医疗保险3 000元，代交个人所得税3 000元。本月生产情况如下：减震器耗用工时9 000工时（机器小时），完工3 200件，仪表盘耗用工时11 000工时（机器小时），完工5 000件。

业务流程：成本会计审核考勤记录、工资结算汇总表、产品产量及耗用工时记录表、职工食堂伙食费扣款明细表→填制工资费用分配表、工资费用分配汇总表，同时按工资总额的14%计提福利费→编制记账凭证并登记费用明细账→传递往来会计登记往来明细账。

注意事项：(1) 工资分配后当月不能再有涉及应付工资凭证，因此可适当提前轧工资账，若有工资性支出，则可提前编制下月凭证。

(2) 分配工资后，部门应付工资无余额。

86. 31日，经公司办公会决定，签发转账支票提前发放本月职工工资，打入职工工资卡。

业务流程：出纳签收人力资源部、车间核算员及其他会计岗传来的相关信息→将信息分类登记备忘录→根据本月异动情况编制工资表→计算应发工资→往来会计依法计算代扣代缴个人所得税→出纳重新计算应发工资→汇总各部门工资→成本会计验算：上期实发工资±上期异动项＋上期所得税±本期异动项－本期所得税＝本期实发数→出纳根据正式工资明细表开具扣款收据→凭正式工资汇总表填写付款审批单→财务经理审批→出纳根据银行付款支票存根编制记账凭证并登记日记账→传递往来会计登记往来明细账。

注意事项：(1) 注明"工资"字样的支出记入"应付职工薪酬"账户，未注明的记入相关部门费用。

(2) 将异动信息按编制工资表时间不同分为在职长假、劳保内退、退休三类，再在三类中分新增人员、部门变动、水电费变动、代扣款项等项目。

(3) 须根据分类后的异动信息准确登记备忘录。

(4) 备忘录须将异动信息在预计发生月份分别登记一次。

(5) 只要不是正常增减项目全须在异动信息字段中反映。

(6) 不能代扣代发的事项须列出清单向发出通知的部门人员反馈。

(7) 工资发放日须委托出纳领回新开户存折，登记后由领取人签字发放。

87. 31日，经公司办公会决定，计提本月工会经费、职工教育经费。签发转账支票划转工会。

业务流程：成本会计根据工资结算汇总表、工资费用分配表、工资费用分配汇总表，填制工会经费、职工教育经费计算表→出纳签发转账支票交工会→出纳编制记账凭证并登记日记账→传递往来会计登记往来明细账→传递成本会计登记费用明细账。

88. 31日，结转外购材料成本差异，并分别原材料、包装物、其他辅助材料(含低耗品)计算月末材料成本差异率。

业务流程：成本会计根据"原材料""材料采购""材料成本差异"3个账户的明细账计算材料成本差异率，填制材料成本差异计算表→编制记账凭证并登记物资明细账。

89. 31日，查明三号材料仓库27日属于突发意外火灾，目前原材料盘点报告单显示，橡胶盘毁损150千克，安装备件毁损1 500件，公司仓库财产保险合同上个月已到期，尚未续保。

业务流程：成本会计填制材料盘盈（亏）报告表→编制记账凭证并登记物资明细账→传递往来会计登记往来明细账。

90. 31日，收到仓库交来本月材料领用数量汇总资料，根据本月经济业务的发生情况及计算的月末材料成本差异率填制发料凭证分配汇总表，并转账。原料及主要材料发料（领料）单记载：生产仪表盘领用、对外销售橡胶盘各34 000千克、4 000千克；生产减震器领用、对外销售弹簧圈各21 400千克、5 000千克；生产仪表盘、减震器领用、对外销售、基本生产车间耗用、销售部门领用、一号厂房改建工程领用空心线材分别为：2 000千克、1 900千克、3 500千克、45千克、55千克、500千克；生产仪表盘、减震器领用、对外销售、基本生产车间耗用、行政管理部门领用、一号厂房改建工程领用安装备件分别为：12 000件、11 000件、12 500件、300件、60件、2 800件；生产仪表盘、减震器领用、动力车间、机修车间耗用、基本生产车间耗用、行政管理部门领用辅助材料分别为：14 000元、12 000元、8 600元、9 800元、119 500元、10 000元；销售部门领用包装物450个。

业务流程：成本会计审核原料及主要材料发料（领料）单→填制发料凭证分配汇总表→编制记账凭证并登记物资明细账、成本明细账→传递往来会计登记往来明细账。

91. 31日，根据总电表与分电表、水表记录，东山市电力公司、供水公司的电费、水费结算通知单，分配本月电费、水费，并转账。根据水表、电表记录，水电使用情况统计如下：生产仪表盘、减震器单位消耗定额耗电量分别为2.04度、2.70度；动力车间、机修车间耗电分别为5 250度和3 950度，耗水分别为2 600立方米和3 000立方米；基本生产车间、管理部门、一号厂房改建工程、浴室、医务室耗电分别为1 087度、1 880度、1 674度、400度，耗水分别为550立方米、450立方米、500立方米、5 196立方米。

业务流程：成本会计审核电费、水费结算通知单→根据水表、电表记录填制费用分配表→编制记账凭证并登记物资明细账、成本明细账、费用明细账→传递往来会计登记往来明细账。

92. 31日，编制固定资产折旧计算表，计提本月固定资产折旧，并转账。

业务流程：成本会计根据固定资产明细账查询上月新增或减少固定资产→对应固定资产原值及公司使用的折旧政策计算增减变动的累计折旧→编制折旧计算表→编制记账凭证并登记费用明细账。

注意事项：（1）年初根据固定资产明细表计算各部门、各类资产每月应提折旧金额，每月根据固定资产增减变动情况及时调整，编制折旧计算表。

（2）固定资产折旧采取按个别资产进行计算，分部门、分类别汇总提取。

（3）月度提取累计折旧金额发生变动时应将提取折旧的依据应传递一份给各车间核算员，由车间核算员对应固定资产清单核实固定资产的存在及折旧提取的准确性。

（4）年末根据固定资产明细表计算全年折旧，冲回由于净值低于全年应提折旧的个别资产多提折旧，并确定下一年度提取折旧的基数。

93. 31 日，根据车间交来的辅助生产提供的劳务、作业量汇总表分配辅助生产费用，填制辅助生产费用分配表并转账。

业务流程：成本会计审核辅助生产提供的劳务、作业量汇总表→填制辅助生产费用分配表→编制记账凭证并登记成本明细账、费用明细账。

94. 31 日，填制基本生产车间制造费用分配表并转账。

业务流程：成本会计审核制造费用分配标准→填制制造费用分配表→编制记账凭证并登记成本明细账。

95. 31 日，计算完工产品和月末在产品成本，填制产品成本计算单，将完工产品成本进行结转。原材料系开工一次投入，仪表盘月末在产品 400 件，在产品完工程度 75％，减震器月末在产品 380 件，在产品完工程度 40％。

业务流程：成本会计检查工资分配、原材料领用、产成品发放凭证是否已编制→检查制造费用、辅助生产成本是否结转完毕→审核当月车间生产的产品品种数量、各产品耗用的工时→核对入库单（第④联）数量与仓库管理员登记的明细账借方数一致→核对完工产品、半成品数量和入库单（第④联）数量一致→编制产品成本计算表→编制记账凭证并登记成本明细账、物资明细账。

96. 31 日，计算销售产品生产成本，并转账。

业务流程：成本会计根据“主营业务收入明细表”及仓库加权平均单价计算当月主营业务成本→编制“主营业务成本汇总表”→编制记账凭证并登记物资明细账。

97. 31 日，经公司办公会批准，至 11 月份累计仓库橡胶、弹簧等材料报亏原因查明，为计量差错造成，按规定结转“待处理财产损溢”账户。

业务流程：成本会计根据公司决议编制“内部转账单”→编制记账凭证并登记费用明细账。

98. 31 日，经公司办公会批准，转销上月已清理完毕的正常报废设备、房屋的损失。

业务流程：成本会计核实报废固定资产原值、已使用年限及折旧提取情况→审核固定资产清理转出报告→根据公司决议编制“内部转账单”→编制记账凭证。

☞ 注意事项：（1）针对盘点过程中出现的固定资产盘盈盘亏情况应及时上报，督促相关部门进行处置。

（2）财务部定期组织生产部对固定资产进行核查，督促处置已报废及长期闲置的固定资产。

99. 31 日，结转损益，纳税调整，计提全年应交所得税，结转所得税。

业务流程：总账会计编制结账前试算平衡表→往来会计填制内部转账单结转损益→按资产负债表债务法根据本月的利润总额调整为应纳税所得额→

计提应交所得税→编制记账凭证并登记往来明细账。

100. 31日，董事会出台本年利润分配方案：按10%的比例计提法定盈余公积，按15%的比例计提任意盈余公积，按25%的比例向投资者分配利润。财务部按利润分配方案清算利润并转账，编制资产负债表、利润表，同时从偿债能力、营运能力、获利能力和资金结构四个方面进行分析，撰写财务分析报告。

业务流程：(1) 总账会计根据结账前试算平衡表编制利润表→财务经理根据董事会利润分配方案编制提取和结转利润分配的记账凭证并编制利润分配表→传递往来会计登记明细账→总账会计编制结账后试算平衡表→总账会计根据结账后试算平衡表编制资产负债表→出具会计报表→交由财务经理审定→审定无误后将其复印若干份→填写用章审批单到档案室请章后盖公司章→再盖上“法定代表人、财务部门负责人”的两人印章。

(2) 将各核算岗提供的相关资料收齐→总账会计编制会计报表附注→复印→在财务系统内部下发。

(3) 待财务报表出具之后向相关核算岗收集财务分析报告所需资料和信息→财务经理编制财务分析报告→交总经理审阅→将审定后的财务分析报告打印→复印若干份→向总经理请示后下发相关人员。

四、有关财务管理工作的资料

第一，董事会暨总经理工作会要求，财务部2016年的工作重点是重视存货的管理，请财务部结合公司实际制定可操作的存货管理制度。

第二，财务部准备材料汇报本月生产成本管理控制情况。

第三，自查公司财务会计岗位不相容职务的分离情况，编写自查报告。

第四，张总安排，公司办公会准备讨论几个经营方案，请财务部站在财务管理的角度，对以下几个方案进行决策评估，撰写评估报告。

1. 2016年公司准备添置一台数控车床，报价120万元，考虑用短期借款解决资金问题。经过同银行协商，公司取得银行8个月借款100万元，同时银行提出三种贷款利息的支付方式供公司选择：

方式一：采用收款法付息，利息率为14%。

方式二：采用贴现法付息，利息率为12%。

方式三：利息率为10%，银行要求的补偿性余额比例为20%。

请财务经理用充分理由选定付息方式。

2. 公司出于经营战略考虑，拟寻求同本市彩通公司合作。彩通公司是生产手机的中小型企业，彩通手机质量优良，价格合理，长期以来供不应求，为扩大生产能力，彩通公司准备新建一条生产线，正在寻找合作伙伴。

彩通公司的财务经理送来他们调研的有关资料：拟建生产线的原始投资为12.5万元，可以分两年投入。第一年年初投入10万元，第二年年初投入2.5万元。第二年年末项目建设完工并正式投产使用。投产后每年可生产手机1 000部，每部销售价格为300元，每年可获销售收入30万元，投资项目预计有效期5年，5年后生产线残值预计2.5万元。在投资项目正常经营期间要垫支流动资金2.5万元，这笔资金在项目结束时可全部收回。该项目产品的制造成本构成如下。

直接材料费用	20万元
人工费用	3万元
折旧费用	2万元
其他制造费用	2万元

彩通公司的财务经理通过对各种可能的资金来源渠道进行分析，得出综合资本成本率为10%。同时还估算出该项目的营业现金流量、现金流量、净现值，并根据其计算的净现值，认为该项目可行。有关数据如表4-11、表4-12和表4-13所示。

表4-11

彩通公司投资项目营业现金净流量计算表

单位：元

项目	第一年	第二年	第三年	第四年	第五年
销售收入	300 000	300 000	300 000	300 000	300 000
现付成本	250 000	250 000	250 000	250 000	250 000
其中：材料费用	200 000	200 000	200 000	200 000	200 000
人工费用	30 000	30 000	30 000	30 000	30 000
制造费用	20 000	20 000	20 000	20 000	20 000
折旧费用	20 000	20 000	20 000	20 000	20 000
税前利润	30 000	30 000	30 000	30 000	30 000
所得税(25%)	9 900	9 900	9 900	9 900	9 900
税后利润	20 100	20 100	20 100	20 100	20 100
现金净流量	40 100	40 100	40 100	40 100	40 100

表4-12

彩通公司投资项目现金流量计算表

单位：元

项目	投资建设期		生产期				
	第一年	第二年	第一年	第二年	第三年	第四年	第五年
初始投资	100 000	25 000					
流动资金垫支		25 000					
营业现金流量			40 100	40 100	40 100	40 100	40 100
设备残值							25 000
流动资金收回							25 000
现金净流量	−100 000	−50 000	41 00	40 100	40 100	40 100	90 000

表 4-13

彩通公司投资项目净现值计算表

单位：元

时　间	现金净流量	10%贴现系数	现　值
−1	−100 000	1.000	−100 000
0	−50 000	0.909 1	−45 455
1	40 100	0.826 4	33 138.64
2	40 100	0.751 3	30 127.13
3	40 100	0.683 0	27 388.3
4	40 100	0.620 9	24 898.09
5	90 100	0.564 5	50 861.45
净现值			20 958.61

虽然彩通公司认为方案可行，但是本公司管理层有关人员还是有不同的意见：

（1）分管业务副总朱子规认为，在项目投资和经营期间，通货膨胀率大约在 5%，将对投资项目各有关方面产生影响。

（2）基建部经理认为，由于受物价变动的影响，初始投资将增长 10%，投资项目终结后，设备残值也将增加到 37 500 元。

（3）生产厂长认为，由于物价变动的影响，材料费用每年将增加 14%，人工费用也将增加 10%；扣除折旧后的制造费用，每年将增加 4%。

（4）销售部经理认为，手机销售价格预计每年会下降 2%。

请财务部对该项目的合作前景进行分析评估。

3. 财务部上报的技术改造方案可行的评估报告缺乏说服力，请按以下资料重新评估(仪表盘产销量 20 000 件，增长 40%；销售单价由原来的 600 元降低 5%；单位变动成本从原来的 300 元降低 10%；而固定成本总额则从原来的 150 000 元增长 20%)。

4. 公司 2016 年的采购计划已经确定，橡胶盘的全价 54 元，供应商对橡胶盘的优惠报价如下：

（1）立即付款，价格为 52.38 元。

（2）第 20 天付款，价格为 52.92 元。

（3）第 40 天付款，价格为 53.46 元。

（4）第 60 天付款，全价。

目前，银行短期贷款利率不超过 15%，公司在 2016 年潜在的短期投资收益可能达到 40%，请财务部作出对公司最有利的付款计划。

5. 公司多年来的信用政策为 N/25，年赊销额为 120 万元，变动成本率为

80%,资金成本率为15%。由于部分客户经常拖欠货款,平均收账期为30天,坏账损失率为1%。销售部计划改变信用政策,信用条件为N/40。预计影响如下:赊销额将增加20万元,增加部分的坏账损失率为4%,全部销售的平均收账期为45天。请财务部评估能否改变信用政策。

附　原始凭证

3-1

福建省增值税专用发票

（全国统一发票监制章　国家税务总局监制）

3300033140　　　　　　　　　　　　　　　　　　No 03359655

发　票　联

开票日期：2015年12月01日

国税函[2015]102号　福建华森实业公司

购货单位	名　　称：海天有限责任公司 纳税人识别号：350602004575888 地 址 、电 话：东山市康元路162号 0130-55374151 开户行及账号：市工商银行 160103175500100922			密码区	（略）		
货物或应税劳务名称	规格型号	单　位	数　量	单价	金　额	税率	税　额
弹簧圈		千克	1 000	38.20	38 200	17%	6 494
空心线材		千克	1 000	21.60	21 600	17%	3 672
价税合计（大写）	⊗陆万玖仟玖佰陆拾陆元整						¥69 966.00
销货单位	名　　称：福建晋江物资有限责任公司 纳税人识别号：162100034632152 地 址 、电 话：晋江三惠路33号 0123-3560209 开户行及账号：市工商银行 12030313877500247732			备注	（晋江物资有限责任公司 162100034632152 发票专用章）		

收款人：　　　复核：王　霞　　　开票人：王　丽　　　销货单位：（章）

第二联：发票联　购货方记账凭证

3-2

公路、内河货物运输业统一发票

（全国统一发票监制章　国家税务总局监制）

备查号：　　　　　　　发　票　联　　　　　　发票代码：237030411102

开票日期：2015年12月01日　　　　　　　　　发票号码：00007457

机打代码 机打号码 机器编号	237030411102 00007457	税控码	（略）
收货人及纳税人识别号	东山海天有限责任公司 350602004575888	承运人及纳税人识别号	福建货物运输公司 170805001372564
发货人及纳税人识别号	福建晋江有限责任公司 162100034632152	主管税务机关及代码	237030503
运输项目及金额	货物名称　数量　运费金额 弹簧圈　1 000千克 空心线材　1 000千克	其他项目及金额	（手写无效） （福建货物运输公司 170805001372564 发票专用章） 代开单位盖章
运费小计	¥1 550.00	其他费用小计	
合计（大写）⊗壹仟伍佰伍拾元整			（小写）¥1 550.00
代开单位及代码		扣缴税额、税率完税凭证号码	

收款人：　　　复核：　　　开票人：郑小同　　　货运单位：（章）

第二联：发票联　付款方记账凭证

3-3

第　号

托收承付凭证（承付通知）　5

托收号码

电

委托日期　2015年12月02日

承付日期
到期2015年12月05日

付款人	全　称	海天有限责任公司	收款人	全　称	福建晋江有限责任公司	
	账号或地址	160103175500100922		账　号	12030313877500247732	
	开户银行	工行东山分行		开户银行	工行晋江分行	行号 24555

托收金额	人民币（大写）	千	百	十	万	千	百	十	元	角	分
	伍万壹仟伍佰壹拾陆元整			¥	5	1	5	1	6	0	0

附　件		商品发运情况	合同名称号码
附寄单证张数或册数	2	已发运	货物供销合同123号

备注：

电划

付款人注意：
1. 根据支付结算办法规定，上列托收款项，如超过承付期限并拒付时，即视同全部承付。如系全额支付即以此联代付款通知；如遇延付或部分支付时，再由银行另送延付或部分支付的付款通知。
2. 如需提前承付或多承付时，应另写书面通知送银行办理。
3. 如系全部或部分拒付，应在承付期限内另填拒绝承付理由书送银行办理。

此联是付款人开户银行通知付款按期承付货款的承付（付款）通知

3-4

材料采购运杂费分配表

2015年12月02日

发货单位				
材料名称	重　量	分配率	分配金额	备　注
合　计				

会计主管：　　复核：　　制表：

4-1

领　款　单

2015 年 12 月 02 日　　　　NO：103243(记账联)

今收到	
人民币(大写)	￥
系　付	

单位盖章：业务部　　会计：　　出纳：　　领款人：

5-1

关于当日现金清查结果的说明

财务部：

我在下午下班前清点库存现金时，发现现金实有数比日记账余额短少 100 元。原因不明，明天上班后继续查找。

出纳：

2015.12.3

6-1

中国工商银行人行电子联行电划贷方补充报单(第三联)

工行东山市运行分中心城区核算组　　2015 年 12 月 03 日　　凭证编号：225

汇出行行号		23435	汇入行行号	25123	凭证提交号		38127899
付款人	账号	161200874522001234			收款人	账号	160103175500100922
	名称	成都市拓展有限责任公司				名称	海天有限责任公司
金额(大写)		伍拾万元整			金　额		¥500 000.00
事　由		货款			应解汇款编号：		
上列款项已代进账，如有误，请持此联来行商洽。 此致		（银行盖章）			科　目(贷) 对方科目(借) 解汇日期：2015 年 12 月 03 日 复核：　记账：　出纳：		

（此联送收款人代收款通知或取款收据）　　电脑打印　手工无效

7-1

浙江省增值税普通发票

发　票　联

0023323307　　No 001125534

开票日期：2015 年 12 月 24 日

国税函[2015]102 号　东山万佳实业公司

购货单位	名　　称：海天有限责任公司 纳税人识别号：350602004575888 地 址 、电 话：东山市康元路 162 号 0130-55374151 开户行及账号：市工商银行 160103175500100922				密码区	（略）		
货物或应税劳务名称	规格型号	单位	数量	单价	金　额	税率	税　额	
打印纸					1 792.45	6%	107.55	
墨盒					76.35	6%	4.58	
价税合计(大写)	⊗壹仟玖佰捌拾元玖角叁分					¥1 980.93		
销货单位	名　　称：东山市百货公司 纳税人识别号：33018179093638X 地 址 、电 话：桃源路 36 号 0130-37668888 开户行及账号：市工商银行 12030112577600143362				备注	东山市百货公司 33018179093638X 发票专用章		

收款人：　　复核：陈　敏　　开票人：李园园　　销货单位：(章)

第二联：发票联　购货方记账凭证

7-2

浙江省增值税普通发票

发 票 联

0023323307 №013396488

开票日期：2015 年 12 月 04 日

购货单位	名　　称：海天有限责任公司 纳税人识别号：350602004575888 地 址 、电 话：东山市康元路 162 号 0130-55374151 开户行及账号：市工商银行 160103175500100922			密码区	（略）		
货物或应税劳务名称	规格型号	单位	数量	单价	金　额	税率	税　额
餐费					2 679.25	6%	160.75
价税合计（大写）	⊗贰仟捌佰肆拾元整				￥2 840.00		
销货单位	名　　称：东山市鑫海酒店 纳税人识别号：33018179094312X 地 址 、电 话：国富路 10 号 0130-86937988 开户行及账号：市工商银行 11306998754562361			备注	东山市鑫海酒店 33018179094312X 发票专用章		

收款人：　　复核：王小亚　　开票人：李佩佩　　销货单位：（章）

国税函[2015]102 号　东山万佳实业公司

第二联：发票联　购货方记账凭证

9-1

中国工商银行信汇凭证（通知单） 1

委托日期　2015 年 12 月 4 日　　第 258 号

收款人	全　称	海天有限责任公司			汇款人	全　称	浙江红光公司		
	账　号或地址	160103175500100922				账　号或地址	280100100210208805		
	汇　出地　点	东山　市县	汇出行名　称	工商银行		汇　入地　点	浙江省　宁波　市县	汇入行名　称	工商银行
金额	人民币（大写）	壹佰陆拾玖万陆仟伍佰肆拾捌元整							

千	百	十	万	千	百	十	元	角	分
￥	1	6	9	6	5	4	8	0	0

汇款用途：购减震器、仪表盘

汇出行盖章

年　月　日

单位主管　　会计　　复核　　记账

此联汇出行给收款人的通知单

10-1

关于12月3日现金清查短款的原因说明

公司领导：

财务部出纳在12月3日下午下班前清点库存现金时，发现现金实有数比日记账余额短少100元。原因属个人不慎造成，应由出纳个人赔偿。

财务部
2015.12.5

同意财务部的处理意见
张建一
2015.12.5

11-1

投资协议书

经双方协商，海天公司将临街门面房100平方米向南源公司投资，该门市部原值50万元，已提折旧8万元，双方确认价值45万元，同时投资现金10万元，投资总额占南源公司资本的10%，且对其无重大影响，投资期2年。

特此协议

甲方投资单位：海天公司
乙方接受投资单位：南源公司
2015年12月5日

11-2

固定资产投资转移单

2015 年 12 月 5 日　　　　第　　号

投资单位名称				接受投资单位				
固定资产名称	规格型号	单位	数量	预计使用年限	已使用年限	原始价值	已提折旧	备注
技术鉴定		设备完好		评估价值				

单位签章：海天公司　　　　接受投资单位签章：南源公司

法人代表：江孝天　　　　法人代表：卢易

财务主管：　　　　财务主管：李姗姗

（印章：南源有限责任公司 合用专用章）

12-1

中华人民共和国
税收通用缴款书

(032)海 № 1055806 （国）

隶属关系：　　　　国缴电

注册类型：　　　　填发日期：2015 年 12 月 8 日　　　　征收机关：直属分局

缴款单位(人)	代码	350602004575888	预算科目	编码	
	全称	海天有限责任公司		名称	
	开户银行	工行东山分行		级次	
	账号	160103175500100922	收款国库		（略）
税款所属时期	2015 年 11 月 1 日至 11 月 30 日		税款限缴日期	2015 年 12 月 10 日	

品目名称	课税数量	计税金额或销售收入	税率或单位税额	已缴或扣除额	实缴金额
增值税					25 942.60
金额合计	（大写）贰万伍仟玖佰肆拾贰元陆角整				¥25 942.60

缴款单位(人)(盖章) 经办人(盖章)	税务机关(盖章) 填票人(章)	上列款项已收妥并划转收款单位账户 国库(银行)盖章　年　月　日	备注

（印章：海天有限责任公司 财务专用章）（印章：东山市国家税务局 征税专用章）

第一联(收据)国库(银行)收款盖章后退缴款单位(人)作完税凭证

12-2

中华人民共和国
税收转账专用完税证

(2015)海 0035198 地
地 转 完

征收机关：东山市地税局　　填发日期：2015 年 12 月 7 日

纳税人代码	350602004575888			开户银行	工行东山分行		
纳税人名称	海天有限责任公司			账　号	160103175500100922		
税　种	品目名称	税款所属时期	课税数量	计税金额或销售收入	税率或单位税额	已缴或扣除额	实缴金额
个人所得税		2004.11		60 000.00	5%		3 000.00
城市维护建设税		2004.11		110 000.00	7%		7 000.42
教育费附加		2004.11		110 000.00	4%		4 400.00
房产税		2004.11					5 026.88
金额合计	(大写)壹万玖仟肆佰贰拾柒元叁角整						¥19 427.30
东山市地方税务局 税务机关 征税专用章 (盖章)	收款银行 (盖章)			金一平 填票人(章)	备注		

第一联(收据)纳税人作完税凭证

不得用于收取现金税款

12-3

中华人民共和国
税收转账专用完税证

(2015)东 0035198 地
地 转 完

征收机关：东山市地税局　　填发日期：2015 年 12 月 7 日

纳税人代码	350602004575888			开户银行	工行东山分行		
纳税人名称	海天有限责任公司			账　号	160103175500100922		
税　种	品目名称	税款所属时期	课税数量	计税金额或销售收入	税率或单位税额	已缴或扣除额	实缴金额
医保费	企业交纳	2015.11		500 000.00	4%		20 000.00
医保费	职工交纳	2015.11		300 000.00	1%		3 000.00
金额合计	(大写)贰万叁仟元整						¥23 000.00
东山市地方税务局 税务机关 征税专用章	收款银行 (盖章)			金一平 填票人(章)	备注		

第一联(收据)纳税人作完税凭证

不得用于收取现金税款

12-4

中华人民共和国
税收转账专用完税证

(2015)海 0035198 地

地转完

征收机关：东山市地税局　　填发日期：2015年12月7日

纳税人代码	350602004575888			开户银行	工行东山分行		
纳税人名称	海天有限责任公司			账　号	160103175500100922		
税　种	品　目 名　称	税款所属 时　期	课　税 数　量	计税金额或 销售收入	税率或 单位税额	已缴或 扣除额	实缴金额
养老费	企业交纳	2015.11		934 000.00	5%		46 700.00
养老费	职工交纳	2015.11		865 000.00	2%		17 300.00
金额合计	(大写)陆万肆仟元整						¥64 000.00
东山市地方税务局 税务机关 征税专用章	收款银行 (盖章)			金一平 填票人(章)	备注		

第一联(收据)纳税人作完税凭证

不得用于收取现金税款

13-1

浙江省增值税普通发票

国统一发票监制 国家税务总局监制

0010055689　　发票联　　№ 00065432

开票日期：2015年12月07日

购货单位	名　　称：海天有限责任公司 纳税人识别号：350602004575888 地 址、电 话：东山市康元路162号 0130-55374151 开户行及账号：市工商银行 160103175500100922			密码区	(略)		
货物或应税劳务名称	规格型号	单位	数量	单价	金　额	税率	税　额
90#石油					2 208.30	6%	132.50
价税合计(大写)	⊗贰仟叁佰肆拾元捌角整						¥2 340.8
销货单位	名　　称：东山市石油公司 纳税人识别号：330182350936432 地 址、电 话：园林路76号 0130-54637980 开户行及账号：市建设银行 95070155300001523			备注	东山市石油公司 162100034632152 发票专用章		

收款人：　　复核：刘东　　开票人：夏莹　　销货单位：(章)

国税函[2015]102号 东山万佳实业公司

第二联：发票联 购货方记账凭证

14-1

浙江省增值税普通发票

发票联

0023323307

№ 013246791

开票日期:2015 年 12 月 08 日

购货单位	名　　称:海天有限责任公司 纳税人识别号:350602004575888 地 址 、电 话:东山市康元路 162 号 0130-55374151 开户行及账号:市工商银行 160103175500100922				密码区	(略)	
货物或应税劳务名称	规格型号	单位	数量	单价	金　额	税率	税　额
GMY 专利转让费					471 698.11	6%	28 301.89
价税合计(大写)	⊗伍拾万元整						¥500 000.00
销货单位	名　　称:东山大学科技开发公司 纳税人识别号:33018179093638X 地 址 、电 话:胜利路 90 号 0130-77386355 开户行及账号:上海浦东发展银行萧山支行 95070155300001523				备注	东山大学科技开发公司 33018179093638X 发票专用章	

收款人:　　复核:李　楠　　开票人:刘　叶　　销货单位:(章)

国税函[2015]102 号　东山万佳实业公司

第二联:发票联　购货方记账凭证

15-1

中国工商银行转账支票

出票日期　2015 年 12 月 8 日

支票编号　X Ⅱ 00154056

付款人	全　称	美能达公司		收款人	全　称	海天公司		
	账号或住址	180100112200100888			账号或地址	160103175500100922		
	开 户 银 行	工行东山分行	行号 25129		开 户 银 行	工行东山分行	行号 25123	
货币金额	人民币(大写)	伍万柒仟陆佰叁拾元整				亿 千 百 十 万 千 百 十 元 角 分		
						¥ 5 7 6 3 0 0 0		
摘要	美能达公司 财务专用章　金一明　汪盼盼　(银行盖章)				科目(贷) 对方科目(借) 复核　记账　制票			

16-1

上海市增值税专用发票

国家税务总局监制

3210033640　　　　№ 08359650

发　票　联

开票日期：2015 年 12 月 7 日

国税函[2015]102 号　上海华木实业公司

购货单位	名　　　称：海天有限责任公司 纳税人识别号：350602004575888 地址、电话：东山市康元路 162 号 0130-55374151 开户行及账号：市工商银行 160103175500100922			密码区	（略）		
货物或应税劳务名称	规格型号	单　位	数　量	单价	金　额	税率	税　额
空心线材 安装备件		千克 千克	500 100	22.00 10.50	11 000 1 050	17% 17%	1 870.00 178.50
价税合计（大写）	⊗壹万肆仟零玖拾捌元伍角整						¥14 098.50
销货单位	名　　　称：上海华力有限责任公司 纳税人识别号：162100034632152 地址、电话：上海通惠路 0123-83560209 开户行及账号：市工商银行 120303138775002477732			备注	华力有限责任公司 162100034632152 发票专用章		

收款人：　　复核：王　芳　　开票人：肖丽丽　　销货单位：（章）

第二联：发票联　购货方记账凭证

16-2

公路、内河货物运输业统一发票

全国统一发票监制章　国家税务总局监制

备查号：　　发　票　联　　发票代码：237030411102

开票日期：2015 年 12 月 7 日　　发票号码：000874884

机打代码 机打号码 机器编号	237030411102 00007457	税控码	（略）
收货人及纳税人识别号	东山海天有限责任公司 350602004575888	承运人及纳税人识别号	上海货物运输公司 170805001372564
发货人及纳税人识别号	上海华力有限责任公司 162100034632152	主管税务机关及代码	237030503
运输项目及金额	货物名称　数量　运费金额 空心线材　500 千克 安装备件　100 件	其他项目及金额	（手写无效） 上海货物运输公司 170805001372564 发票专用章 代开单位盖章
运费小计	¥700.00	其他费用小计	
合计（大写）⊗柒佰元整			（小写）¥ 700.00
代开单位及代码		扣缴税额、税率完税凭证号码	

收款人：　　复核：　　开票人：王同道　　货运单位：（章）

第二联：发票联　付款方记账凭证

16-3

材料采购运杂费分配表

2015 年 12 月 8 日

发货单位				
材料名称	重量	分配率	分配金额	备注
合计				

会计主管： 复核： 制表：

16-4

关于上海华力公司的货款及往来款的批示：请财务部将此次货款连同上海华力公司的往来款一并签发 3 个月期限月息 4‰的商业承兑汇票。

张建一

2015. 12. 8

17-1

浙江省增值税专用发票

全国统一发票监制章 国家税务总局监制

发票联

0010055689 No 00059137

开票日期：2015 年 12 月 9 日

国税函[2015]102 号 东山国利实业公司

购货单位	名 称：海天有限责任公司 纳税人识别号：350602004575888 地 址 、电 话：东山市康元路 162 号 0130-55374151 开户行及账号：市工商银行 160103175500100922			密码区	（略）		
货物或应税劳务名称	规格型号	单 位	数 量	单价	金 额	税率	税 额
工作服		套	200	90.00	18 000	17%	3 060
价税合计（大写）	⊗贰万壹仟零陆拾元整						￥21 060.00
销货单位	名 称：劳保用品公司 纳税人识别号：162100034632152 地 址 、电 话：通祥路 0130-56020999 开户行及账号：市工商银行 12030313877500247732			备注	东山市劳保用品公司 162100034632152 发票专用章		

第二联：发票联 购货方记账凭证

收款人： 复核：陈 芳 开票人：王 红 销货单位：（章）

19-1

浙江省增值税普通发票

全国统一发票监制章 国家税务总局监制

发票联

0023323307 No 013369782

开票日期：2015 年 12 月 22 日

国税函[2015]102 号 东山万佳实业公司

购货单位	名 称：海天有限责任公司 纳税人识别号：350602004575888 地 址 、电 话：东山市康元路 162 号 0130-55374151 开户行及账号：市工商银行 160103175500100922			密码区	（略）		
货物或应税劳务名称	规格型号	单位	数量	单价	金 额	税率	税 额
噪音污染					1 886.79	6%	113.21
价税合计（大写）	⊗贰仟元整						￥2 000.00
销货单位	名 称：杭州汇德隆世贸中心商贸有限公司 纳税人识别号：33018179093638X 地 址 、电 话：杭州市萧山区市心中路 288 号 0571-82828980 开户行及账号：上海浦东发展银行萧山支行 95070155300001523			备注	杭州汇德隆世贸中心商贸有限公司 33018179093638X 发票专用章		

第二联：发票联 购货方记账凭证

收款人： 复核：何佳佳 开票人：陈 艳 销货单位：（章）

21-1

浙江省增值税普通发票

发票联

0023323307　　　　　　№ 001125534

开票日期:2015 年 12 月 10 日

国税函[2015] 102 号　东山万佳实业公司

购货单位	名称:海天有限责任公司 纳税人识别号:350602004575888 地址、电话:东山市康元路 162 号 0130-55374151 开户行及账号:市工商银行 160103175500100922				密码区	(略)		
货物或应税劳务名称	规格型号	单位	数量	单价	金额	税率	税额	
润滑器 摩擦刷					1 726.42 12 879.25	6% 6%	103.58 770.75	
价税合计(大写)	⊗壹万伍仟肆佰捌拾元整						¥15 480.00	
销货单位	名称:东山汇胜公司 纳税人识别号:33018179093638X 地址、电话:田林路 76 号 0130-46846352 开户行及账号:95070155300001523				备注	东山汇胜公司 33018179093638X 发票专用章		

第二联:发票联 购货方记账凭证

收款人:　　复核:夏青青　　开票人:孙丽　　销货单位:(章)

22-1

代垫费用清单　1

第 80 号

日期:2015 年 12 月 11 日

单位名称	昆明西南有限责任公司	代垫费用项目	运费
金额	人民币(大写)贰仟贰佰元整		¥2 200.00
内容:减震器 1 000 件,仪表盘 2 000 件,东山至昆明汽车运费			附单据 2 张
备注:			

①代垫方记账

主管:　　会计:　　复核:　　制单:王丽

24-1

中国工商银行　银行汇票 1

第 0120 号

出票日期：2015 年 12 月 10 日

付款人	深圳永安有限责任公司	收款人	海天有限责任公司
账　号 或住址	18010011220010O888	账　号 或住址	160103175500100922
用　途	货款	代　理 付款行	
汇票金额	人民币（大写）捌拾陆万贰仟元整	千 百 十 万 千 百 十 元 角 分	¥ 8 6 2 0 0 0 0 0
备注		科　目＿＿＿＿ 对方科目＿＿＿＿ 财务主管　复核　经办	

此联收款人留存

电脑打印　手工无效

26-1

浙江省增值税普通发票

0023323307　　发　票　联　　No 553687921

开票日期：2015 年 11 月 30 日

全国统一发票监制章 国家税务总局监制

购货单位	名　　称：海天有限责任公司 纳税人识别号：350602004575888 地 址 、电 话：东山市康元路 162 号 0130-55374151 开户行及账号：市工商银行 160103175500100922			密码区	（略）		
货物或应税劳务名称	规格型号	单位	数量	单价	金　额	税率	税　额
基本月租费					23.58	6%	1.42
市话费					783.02	6%	46.98
国内长途话费					1 429.02	6%	85.75
价税合计（大写）	⊗贰仟叁佰陆拾玖元柒角柒分				¥2 369.77		
销货单位	名　　称：东山市电信有限公司 纳税人识别号：120400037983663780 地 址 、电 话：胜利路 46 号 0130-76336597 开户行及账号：市工商银行 120406037685OO257691			备注	东山市电信有限公司 120400037983663780 发票专用章		

收款人：　　复核：李　钰　　开票人：汪雅平　　销货单位：（章）

国税函[2015]102 号　东山万佳实业公司

第二联：发票联　购货方记账凭证

26-2

委托收款 凭证（付款通知） 5

委托号码：

委托日期 2015年12月11日

付款期限
2015年12月14日

付款人	全　称	海天有限责任公司	收款人	全　称	东山市电信局	
	账号或地址	160103175500100922		账　号	150611251160010085	
	开户银行	工行东山分行		开户银行	工行东山分行	行号 24555
委托金额	人民币（大写）	贰仟叁佰陆拾玖元柒角柒分			千百十万千百十元角分	￥2 3 6 9 7 7
款项内容	11月份电话费	委托收款凭据名称	电话费专用发票	附寄单据张数	1	
备注：		付款人注意： 1. 于见票当日通知开户银行划款。 2. 如需拒付，应在规定期限内，将拒付理由书并附债务证明退交开户银行办理。				

此联是付款人开户银行通知付款方按期付款的（付款）通知

26-3

浙江省增值税专用发票

全国统一发票监制 国家税务总局监制

0300022445 发票联 No 00059222

开票日期：2015年12月10日

购货单位	名　　称：海天有限责任公司 纳税人识别号：350602004575888 地 址 、电 话：东山市康元路162号 0130-55374151 开户行及账号：市工商银行 160103175500100922			密码区	（略）		
货物或应税劳务名称	规格型号	单位	数量	单价	金　额	税率	税　额
水费		立方米		1.50	25 641.82	17%	4 358.18
价税合计（大写）	⊗叁万元整						￥30 000.000
销货单位	名　　称：东山市供水公司 纳税人识别号：162100034632152 地 址 、电 话：三江路12号 0123-3560209 开户行及账号：市工商银行 1203031387750024773 2			备注	东山市供水公司 162100034632152 发票专用章		

收款人：　　复核：王 辉　　开票人：史 丽　　销货单位：（章）

国税函[2015]102号 东山国利实业公司

第二联：发票联 购货方记账凭证

26-4

浙江省增值税专用发票

0003321156　　发票联　　№ 000196316

国统一发票监制 国家税务总局监制

开票日期：2015年12月10日

购货单位	名称：海天有限责任公司 纳税人识别号：350602004575888 地址、电话：东山市康元路162号 0130-55374151 开户行及账号：市工商银行 160103175500100922				密码区	（略）	
货物或应税劳务名称	规格型号	单位	数量	单价	金额	税率	税额
电费		度		1.40	46 889.08	17%	7 140.92
价税合计（大写）	⊗伍万肆仟零叁拾元整						¥54 030.00
销货单位	名称：东山市供电公司 纳税人识别号：162100034632152 地址、电话：西江路20号 0123-7560208 开户行及账号：市工商银行 1203031387750024773 2				备注	东山市供电公司 162100053798782 发票专用章	

收款人：　　复核：王强　　开票人：李丽　　销货单位：（章）

国税函[2015]102号 东山国利实业公司

第二联：发票联 购货方记账凭证

26-5

委托收款 凭证（付款通知） 5

委托号码：

委托日期 2015年12月11日

付款期限
2015年12月14日

付款人	全称	海天有限责任公司	收款人	全称	东山市供电公司	
	账号或地址	160103175500100922		账号	150611251160010085	
	开户银行	工行东山分行		开户银行	工行东山分行	行号 24555
委托金额	人民币（大写）	伍万肆仟零叁拾元整			千百十万千百十元角分	¥5 4 0 3 0 0 0
款项内容	11月份电费	委托收款凭据名称	电费专用发票	附寄单据张数	1	

备注：

付款人注意：
1. 于见票当日通知开户银行划款。
2. 如需拒付，应在规定期限内，将拒付理由书并附债务证明退交开户银行办理。

此联是付款人开户银行通知付款方按期付款的（付款）通知

26-6

委托收款 凭证（付款通知） 5

委托号码：

付款期限
2015 年 12 月 14 日

委托日期 2015 年 12 月 11 日

付款人	全称	海天有限责任公司	收款人	全称	东山市供水公司										
	账号或地址	160103175500100922		账号	150611251160012234										
	开户银行	工行东山分行		开户银行	工行东山分行	行号	24555								
委托金额	人民币（大写）叁万元整					千	百	十	万	千	百	十	元	角	分
								¥	3	0	0	0	0	0	0
款项内容	11 月份水费	委托收款凭据名称	水费专用发票	附寄单据张数	1										
备注：		付款人注意： 1. 于见票当日通知开户银行划款。 2. 如需拒付，应在规定期限内，将拒付理由书并附债务证明退交开户银行办理。													

此联是付款人开户银行通知付款方按期付款的（付款）通知

28-1

贴现凭证 （收账通知） 4

申请日期 2015 年 12 月 12 日　　第　号

贴现汇票	种类	商业承兑汇票	号码	0113	持票人	名称	海天有限责任公司									
	发票日	2015 年 11 月 12 日				账号	160103175500100922									
	到期日	2016 年 01 月 12 日				开户银行	工行东山分行									
汇票承兑人（或银行）	名称	海南福顺有限责任公司（工行海口分行）			账号	250012293350005178	开户银行	工行海口分行								
汇票金额（即贴现金额）	人民币（大写）壹拾肆万叁仟元整						千	百	十	万	千	百	十	元	角	分
								¥	1	4	3	0	0	0	0	0
贴现率每月	4.8‰	贴现利息	¥686.40	实付贴现金额			千	百	十	万	千	百	十	元	角	分
								¥	1	4	2	3	1	3	6	0
上述款项已入你单位账户。 此致 银行盖章 年 月 日			备注：													

此联是银行给贴现申请人的收账通知

注：本表为白底红字。

30-1

江苏省增值税专用发票

发票联

0013320011 No 000116222

开票日期：2015 年 12 月 15 日

国税函[2015] 102 号 舞阳国利实业公司

购货单位	名称：海天有限责任公司 纳税人识别号：350602004575888 地址、电话：东山市康元路 162 号 0130-55374151 开户行及账号：市工商银行 160103175500100922			密码区	（略）		
货物或应税劳务名称	规格型号	单位	数量	单价	金额	税率	税额
螺纹钢		吨	5	2 500	12 500	17%	2 125.00
水泥		吨	50	295	14 750	17%	2 507.50
价税合计（大写）	⊗叁万壹仟捌佰捌拾贰元伍角整						￥31 882.50
销货单位	名称：舞阳市物资公司 纳税人识别号：132100034632100 地址、电话：西环路 7 号 0023-85602099 开户行及账号：市工商银行 120303138775002477322			备注	舞阳市物资公司 132100034632100 发票专用章		

收款人： 复核：袁强 开票人：张小丹 销货单位：（章）

第二联：发票联 购货方记账凭证

30-2

公路、内河货物运输业统一发票

发票联

备查号： 发票代码：237030411102

开票日期 2015 年 12 月 15 日 发票号码：00012450

机打代码 机打号码 机器编号	107030411100 00012450	税控码	（略）
收货人及纳税人识别号	东山海天有限责任公司 350602004575888	承运人及纳税人识别号	舞阳货物运输公司 100805001373301
发货人及纳税人识别号	舞阳物资有限责任公司 132100034632100	主管税务机关及代码	137030502
运输项目及金额	货物名称 数量 运费金额 螺纹钢 5 吨 水泥 50 吨	其他项目及金额	（手写无效） 舞阳货物运输公司 100805001373301 发票专用章 代开单位盖章
运费小计	￥1 500.00	其他费用小计	
合计（大写）⊗壹仟伍佰元整			（小写）￥1 500.00
代开单位及代码		扣缴税额、税率完税凭证号码	

收款人： 复核： 开票人：王智慧 货运单位：（章）

第二联 发票联 付款方记账凭证

33-1

浙江省增值税普通发票

发 票 联

0023323307

No 443663592

开票日期：2015 年 12 月 16 日

购货单位	名　　称：海天有限责任公司 纳税人识别号：350602004575888 地 址 、电 话：东山市康元路 162 号 0130-55374151 开户行及账号：市工商银行 160103175500100922			密码区	（略）		
货物或应税劳务名称	规格型号	单位	数量	单价	金　额	税率	税　额
改建工程款					141 509.43	6%	8 490.57
价税合计（大写）	⊗壹拾伍万元整				￥150 000.00		
销货单位	名　　称：东山市第一建筑工程公司 纳税人识别号：36180175043226X 地 址 、电 话：国富路 18 号 0130-74683996 开户行及账号：市农业银行 12060414865700266723			备注	东山市第一建筑工程公司 36180175043226X 发票专用章		

收款人：　　复核：严 丹　　开票人：何 怡　　销货单位：（章）

国税函[2015]102 号 东山万佳实业公司

第二联：发票联 购货方记账凭证

34-1

代垫费用清单　1

日期：2015 年 12 月 16 日　　第 81 号

单位名称	武汉江丰有限责任公司	代垫费用项目	运费
金　额	人民币（大写）叁仟元整		￥3 000.00
内容：减震器 500 件，仪表盘 900 件，东山至武汉江丰汽车运费。			附单据 2 张
备注：			

主管：　　会计：　　复核：　　制单：王 丽

①代垫方记账

35-1

专利申报表

2015年12月16日

申请单位	海天公司	专利成本		
		技术开发费	注册登记费	合计
专利项目	新型实用专利	35 000	13 000	¥48 000
单位意见	同意申报	专利局审批	同意注册	

35-2

浙江省增值税普通发票

0023323307　　发票联　　No 036325446

开票日期:2015年12月16日

国税函[2015]102号 东山万佳实业公司

购货单位	名称:海天有限责任公司 纳税人识别号:350602004575888 地址、电话:东山市康元路162号 0130-55374151 开户行及账号:市工商银行 160103175500100922			密码区	(略)		
货物或应税劳务名称	规格型号	单位	数量	单价	金额	税率	税额
实用专利代办费					4 716.98	6%	283.02
价税合计(大写)	⊗伍仟元整						¥5 000.00
销货单位	名称:东山市诚心律师事务所 纳税人识别号:120500039641154380 地址、电话:田林路55号 0130-76383340 开户行及账号:市工商银行 120303138775002477322			备注	东山市诚心律师事务所 120500039641154380 发票专用章		

第二联:发票联 购货方记账凭证

收款人:　　复核:吴芳　　开票人:聂莉　　销货单位:(章)

36-1

海天公司固定资产拨售单

2015 年 12 月 16 日

名称	单位	数量	原始价值	已提折扣	预计使用时间	已使用时间	协商作价	备注
电机	台	1	50 000	10 000	4 年	1 年	38 000	不需用

拨售单位：湖北潜江公司

40-1

固定资产报废单

2015 年 12 月 17 日

报废固定资产的名称 一号仓库 规格 平方米 用途 存放材料

报废固定资产的存放地点 保管或使用部门 基本生产车间

开始使用日期 2007 年 6 月 1 日 原值 10 万元 已提折旧 8 万元 已进行大修理次数 2 次

现在技术状况和报废原因 因厂房改建提前报废

申请报废部门 一号仓库 负责人 程大海

技术鉴定结论 经鉴定已无法继续使用，建议给予报废处理。

鉴定部门 生产设备部 负责人 吴 明 鉴定人 吴 明 胡 立

最后结论

同意报废。

企业负责人 张建一

41-1

昆明西南公司传真

本月11日从贵公司购入的一批仪表盘外观存在一些刮痕，要求给予销售折让。

西南公司
2015年12月17日

经公司业务经理认定，同意给予2%的折让。

朱子规
2015年12月17日

42-1

全国统一发票监制章 国家税务总局监制

浙江省增值税专用发票

0023320044　　发　票　联　　No 000126111

开票日期：2015年12月18日

购货单位	名称：海天有限责任公司 纳税人识别号：350602004575888 地址、电话：东山市康元路162号 0130-55374151 开户行及账号：市工商银行 160103175500100922	密码区	（略）

货物或应税劳务名称	规格型号	单位	数量	单价	金额	税率	税额
橡胶盘		千克	500	55.60	27 800	17%	4 726.00
弹簧圈		千克	400	38.00	15 200	17%	2 584.00
空心线材		千克	500	23.00	11 500	17%	1 955.00
安装备件		件	100	15.40	1 540	17%	261.80
价税合计（大写）	⊗陆万伍仟伍佰陆拾陆元捌角整						￥65 566.80

销货单位	名称：东山市万象物资公司 纳税人识别号：122100034633380 地址、电话：上塘路2号 0130-65602677 开户行及账号：市工商银行 12030313877500247732	备注	东山市万象物资公司 122100034633380 发票专用章

收款人：　　复核：袁　鸣　　开票人：王　成　　销货单位：（章）

国税函[2015]102号 东山国利实业公司

第二联：发票联 购货方记账凭证

43-1

江苏省增值税专用发票

0012327708　　发　票　联　　№ 000106333

开票日期：2015 年 12 月 18 日

购货单位	名　　称：海天有限责任公司 纳税人识别号：350602004575888 地 址 、电 话：东山市康元路 162 号 0130-55374151 开户行及账号：市工商银行 160103175500100922				密码区	（略）		
货物或应税劳务名称	规格型号	单位	数量	单价	金　额	税率	税　额	
橡胶盘		千克	100	53.00	5 300	17%	901.00	
弹簧圈		千克	500	36.00	18 000	17%	3060.00	
空心线材		千克	100	20.00	2 000	17%	340.00	
安装备件		件	100	13.40	1 340	17%	227.80	
价税合计（大写）	⊗叁万壹仟壹佰陆拾捌元捌角整					￥31 168.80		
销货单位	名　　称：舞阳市物资有限责任公司 纳税人识别号：132100034632100 地 址 、电 话：西环路 7 号 0023-85602099 开户行及账号：市工商银行 120303138775002477322				备注	舞阳市物资公司 132100034632100 发票专用章		

收款人：　　复核：肖小燕　　开票人：陈　丽　　销货单位：（章）

国税函[2015]102 号　舞阳国利实业公司

第二联：发票联　购货方记账凭证

43-2

公路、内河货物运输业统一发票

备查号：　　发　票　联　　发票代码：137030411100

开票日期 2015 年 12 月 18 日　　发票号码：00012851

机打代码 机打号码 机器编号	097030412380 00012851	税控码	（略）
收货人及纳税人识别号	东山海天有限责任公司 350602004575888	承运人及纳税人识别号	舞阳货物运输公司 100805001373301
发货人及纳税人识别号	舞阳市物资有限责任公司 132100034632100	主管税务机关及代码	137030502
运输项目及金额	货物名称　数量　运费金额 橡胶盘　100 千克 弹簧圈　500 千克 空心线材　100 千克 安装备件　100 件	其他项目及金额	（手写无效） 舞阳货物运输公司 100805001373301 发票专用章 代开单位盖章
运费小计	￥2 000.00	其他费用小计	
合计（大写）⊗贰仟元整			（小写）￥2 000.00
代开单位及代码		扣缴税额、税率完税凭证号码	

收款人：　　复核：　　开票人：陈小同　　货运单位：（章）

第二联　发票联　付款方记账凭证

43-3

材料采购运杂费分配表

2015 年 12 月 18 日

发货单位				
材料名称	重量	分配率	分配金额	备注
合计				

会计主管： 复核： 制表：

46-1

托收承付结算全部(部分)拒绝付款理由书 4

拒付日期 2015 年 12 月 19 日 原托收号码：

<table>
<tr><td rowspan="3">付款人</td><td>全称</td><td colspan="3">武汉江丰有限责任公司</td><td rowspan="3">收款人</td><td>全称</td><td colspan="3">海天有限责任公司</td></tr>
<tr><td>账号或地址</td><td colspan="3">250012293350005178</td><td>账号</td><td colspan="3">160103175500100922</td></tr>
<tr><td>开户银行</td><td>工行武汉分行</td><td>行号</td><td>32709</td><td>开户银行</td><td>工行东山分行</td><td>行号</td><td>24555</td></tr>
<tr><td>托收金额</td><td colspan="2">¥926 715.00</td><td>拒付金额</td><td>¥29 065.00</td><td colspan="2">部分付款金额</td><td colspan="3">千 百 十 万 千 百 十 元 角
¥ 8 9 7 6 5 0 0</td></tr>
<tr><td>附寄单证</td><td colspan="2">2 张</td><td colspan="2">部分付款金额(大写)</td><td colspan="5">捌拾玖万柒仟陆佰伍拾元整</td></tr>
<tr><td colspan="5">拒付理由：
经验收多发减震器 50 件。</td><td colspan="5">备注：</td></tr>
</table>

46-2

湖北省增值税普通发票

发 票 联

0023323307　　　　No 234654469

开票日期：2015 年 12 月 18 日

购货单位	名　　称：海天有限责任公司 纳税人识别号：350602004575888 地 址 、电 话：东山市康元路 162 号 0130-55374151 开户行及账号：市工商银行 160103175500100922				密码区	（略）	
货物或应税劳务名称	规格型号	单位	数量	单价	金　额	税率	税　额
退货运费					377.36	6%	22.64
价税合计（大写）	⊗肆佰元整						¥400
销货单位	名　　称：武汉江丰有限责任公司 纳税人识别号：55016189865435X 地 址 、电 话：潜山路 108 号 027-35867889 开户行及账号：市工商银行 14060527866400267337				备注	武汉江丰有限责任公司 55016189865435X 发票专用章	

收款人：　　复核：李 倩　　开票人：何 铝　　销货单位：（章）

国税函[2015]102 号　东山万佳实业公司

第二联：发票联　购货方记账凭证

47-1

山东省增值税专用发票

发 票 联

0092325503　　　　No 000204321

开票日期：2015 年 12 月 19 日

购货单位	名　　称：海天有限责任公司 纳税人识别号：350602004575888 地 址 、电 话：东山市康元路 162 号 0130-55374151 开户行及账号：市工商银行 160103175500100922				密码区	（略）	
货物或应税劳务名称	规格型号	单位	数量	单价	金　额	税率	税　额
橡胶盘		千克	300	54.50	16 350	17%	2 779.50
弹簧圈		千克	300	36.00	10 800	17%	1 836.00
空心线材		千克	200	22.50	4 500	17%	765.00
安装备件		件	200	14.00	2 800	17%	476.00
价税合计（大写）	⊗肆万零叁佰零陆元伍角整						¥40 306.50
销货单位	名　　称：山东富源物资有限责任公司 纳税人识别号：162100034632177 地 址 、电 话：济安路 27 号 0221-85603826 开户行及账号：市工商银行 12030313877500247732				备注	山东富源物资有限责任公司 162100034632177 发票专用章	

收款人：　　复核：裴小燕　　开票人：杨 丽　　销货单位：（章）

国税函[2015]102 号　山东国利实业公司

第二联：发票联　购货方记账凭证

47-2

公路、内河货物运输业统一发票

发 票 联

备查号：

发票代码：107030412485

开票日期 2015 年 12 月 19 日

发票号码：00015836

机打代码 机打号码 机器编号	070030412570 00015836	税控码	（略）	
收货人及纳税人识别号	东山海天有限责任公司 350602004575888	承运人及纳税人识别号	山东货物运输公司 100805001373301	
发货人及纳税人识别号	山东富源物资有限责任公司 162100034632177	主管税务机关及代码	137030502	
运输项目及金额	货物名称 数量 运费金额 橡胶盘 300 千克 弹簧圈 300 千克 空心线材 200 千克 安装备件 200 件	其他项目及金额		（手写无效） 代开单位盖章
运费小计	¥3 500.00	其他费用小计		
合计（大写）⊗叁仟伍佰元整			（小写）¥3 500.00	
代开单位及代码		扣缴税额、税率完税凭证号码		

收款人： 复核： 开票人：王飞飞 货运单位：（章）

第二联 发票联 付款方记账凭证

47-3

材料采购运杂费分配表

2015 年 12 月 19 日

发货单位				
材料名称	重量	分配率	分配金额	备注
合 计				

会计主管： 复核： 制表：

47-4

代垫费用清单 1

日期:2015 年 12 月 19 日　　　　第 82 号

单位名称	山东富源物资有限责任公司	代垫费用项目	运费
金　额	人民币(大写)壹仟捌佰元整 ¥1 800.00		
内容:退回橡胶盘 300 千克,弹簧圈 300 千克,东山至山东汽车运费。		附单据	2 张
备注:			

①代垫方记账

主管　　会计　　复核　　制单 王秋红

47-5

48-1

吉林省增值税专用发票

发票联

0009327733　　　　№ 000678876

开票日期:2015 年 12 月 17 日

购货单位	名　称:海天有限责任公司 纳税人识别号:350602004575888 地 址 、电 话:东山市康元路 162 号 0130-55374151 开户行及账号:市工商银行 160103175500100922			密码区	(略)		
货物或应税劳务名称	规格型号	单位	数量	单价	金　额	税率	税　额
运输车	5 吨	辆	1	218 000.00	218 000.00	17%	37 060.00
价税合计(大写)	⊗贰拾伍万伍仟零陆拾元整				¥255 060.00		
销货单位	名　称:长春汽车销售有限责任公司 纳税人识别号:1301000346333890 地 址 、电 话:太安路 8 号 0121-85607743 开户行及账号:市工商银行 1203031387750024773 2			备注	长春汽车销售有限责任公司 1301000346333890 发票专用章		

国税函[2015]102 号　长春佳园实业公司

第二联:发票联 购货方记账凭证

收款人:　　复核:张小利　　开票人:王春红　　销货单位:(章)

48-2

河北省增值税普通发票

发 票 联

0023323307　　　　No 277396718

开票日期：2015 年 12 月 17 日

购货单位	名　　称：海天有限责任公司 纳税人识别号：350602004575888 地 址 、电 话：东山市康元路 162 号 0130-55374151 开户行及账号：市工商银行 160103175500100922				密码区	（略）		
货物或应税劳务名称	规格型号	单位	数量	单价	金　额	税率	税　额	
高速公路罚款					1 509.43	6%	90.57	
价税合计（大写）	⊗壹仟陆佰元整					￥1 600.00		
销货单位	名　　称：高速公路管理中心 纳税人识别号：33267169083748X 地 址 、电 话：石家庄市昌盛路 98 号 0311-75643816 开户行及账号：市建设银行 13040612887603268553				备注	高速公路管理中心 33267169083748X 发票专用章		

收款人：　　复核：田 进　　开票人：汪思思　　销货单位：（章）

国税函[2015]102 号　东山万佳实业公司

第二联：发票联　购货方记账凭证

48-3

吉林省增值税普通发票

发 票 联

0023323307　　　　No 054365549

开票日期：2015 年 12 月 17 日

购货单位	名　　称：海天有限责任公司 纳税人识别号：350602004575888 地 址 、电 话：东山市康元路 162 号 0130-55374151 开户行及账号：市工商银行 160103175500100922				密码区	（略）		
货物或应税劳务名称	规格型号	单位	数量	单价	金　额	税率	税　额	
90＃石油					471.70	6%	28.30	
价税合计（大写）	⊗伍佰元整					￥500.00		
销货单位	名　　称：长春市石油公司 纳税人识别号：478651790934715 地 址 、电 话：长春市卫星路 86 号 开户行及账号：长春市商业银行宝塔支行 14060514886576226630				备注	长春市石油公司 478651790934715 发票专用章		

收款人：　　复核：陈 云　　开票人：李 娜　　销货单位：（章）

国税函[2015]102 号　东山万佳实业公司

第二联：发票联　购货方记账凭证

49-1

中国工商银行　转账支票

出票日期　2015 年 12 月 19 日

支票编号 X Ⅱ 00154160

付款人	全　称	永康公司			收款人	全　称	海天公司												
	账号或住址	180100112200100888				账号或地址	160103175500100922												
	开户银行	工行东山分行	行号	25129		开户银行	工行东山分行	行号	25123										
货币金额	人民币（大写）陆拾玖万元整									亿	千	百	十	万	千	百	十	元	角	分
												¥	6	9	0	0	0	0	0	0
摘要	永康公司 财务专用章　张坤　李明　（银行盖章）					科目（贷）＿＿＿＿ 对方科目（借）＿＿＿＿ 复核　记账　制票													

50-1

中国工商银行　银行汇票余额退回单 2　第 0152 号

出票日期 2015 年 12 月 22 日

付款人	海天有限责任公司	收款人	海天有限责任公司										
账　号或住址	160103175500100922	账　号或住址	160103175500100922										
用　途	退回货款	代　理付款行											
汇票金额	人民币（大写）肆万肆仟玖佰肆拾元整			千	百	十	万	千	百	十	元	角	分
						¥	4	4	9	4	0	0	0
备注		科　目＿＿＿＿ 对方科目＿＿＿＿ 财务主管　复核　经办											

此联收款人留存

电脑打印　手工无效

52-1

中国工商银行　转账支票

出票日期　2015年12月22日

支票编号	X Ⅱ 00154160

付款人	全　称	大通公司	收款人	全　称	海天公司
	账号或住址	17010011220015763021		账号或地址	160103175500100922
	开户银行	工行东山分行　行号 25129		开户银行	工行东山分行　行号 25123

货币金额	人民币（大写）壹万肆仟陆佰贰拾伍元整	亿	千	百	十	万	千	百	十	元	角	分
					¥	1	4	6	2	5	0	0

摘要

（印章：大通公司 财务专用章）　金小天　张　红

（银行盖章）

科目(贷)……

对方科目(借)……

复核　　记账　　制票

53-1

浙江省增值税专用发票

（印章：全国统一发票监制章 国家税务局监制）

发 票 联

0023323307　　No 013396488

开票日期:2015年12月22日

购货单位	名　称：海天有限责任公司 纳税人识别号：350602004575888 地址、电话：东山市康元路162号 0130-55374151 开户行及账号：市工商银行 160103175500100922			密码区	（略）		
货物或应税劳务名称	规格型号	单位	数量	单价	金额	税率	税额
包装木箱		个	200	570.00	114 000.00	17%	19 380.00
价税合计(大写)	⊗壹拾叁万叁仟叁佰捌拾元整				¥133 380.00		
销货单位	名　称：东山市包装用品有限责任公司 纳税人识别号：120100034632255670 地址、电话：大义路87号 0130-85603304 开户行及账号：市工商银行 12030313877500247732			备注	（印章：东山市包装用品有限责任公司 120100034632255670 发票专用章）		

收款人：　　复核：夏小利　　开票人：王菲菲　　销货单位:(章)

国税函[2015]102号　东山万佳实业公司

第二联：发票联　购货方记账凭证

54-1

公司董事会决议(摘要)

根据公司实际,决定购买3年期一次还本、分次付息、票面利率为2.4%的凭证式国库券20万元,每年12月1日收到国库券利息一次,按面值购入,从2016年月1月1日起开始计息。

海天公司董事会
2015年12月22日

54-2

有价证券代保管单

2015年12月22日　　　　No 2001008

申请保管人	海天有限责任公司	单位及电话	0130-55374151	保管明细表		
面值总额	(大写)贰拾万元整	十 万 千 百 十 元 角 分 2 0 0 0 0 0 0 0		名称	张数	面值
保管期限				国库券	4	¥50 000
保管费率‰		保管费				
备注: 1. 一年为一个保管期,不足一年按一年收费,逾期不足一年,逾期时间按一年算。 2. 本保管单不得流通、抵押、转让。 3. "名称"栏内应注明何种债券及具体发债单位。 4. 提取证券时凭身份证办理。		受托单位: 经办员: 复核员:				

东山市证券公司
发票专用章

55-1

中国工商银行东山分行利息借方传票

2015 年 12 月 23 日　　　传票编号

付款人	全　称	海天有限责任公司		收款人	全　称	工行东山分行		
	账号或住址	160103175500100922			账号或地址	180100112200100001		
	开户银行	工行东山分行	行号 25123		开户银行	工行南海分行	行号 25123	
货币金额	人民币（大写）壹万捌仟元整					亿 千 百 十 万 千 百 十 元 角 分	￥ 1 8 0 0 0 0 0	
摘要	（银行盖章）				科目（贷） 对方科目（借） 复核　记账　制票			

代贷方传票或支款通知　附件　张

56-1

中国工商银行　转账支票

出票日期　2015 年 12 月 23 日　　　支票编号 X Ⅱ 001541198

付款人	全　称	新华机械厂		收款人	全　称	海天公司		
	账号或住址	140100112200133462			账号或地址	160103175500100922		
	开户银行	工行东山分行	行号 25129		开户银行	工行东山分行	行号 25123	
货币金额	人民币（大写）肆万元整					亿 千 百 十 万 千 百 十 元 角 分	￥ 4 0 0 0 0 0	
摘要	新华机械厂 财务专用章　王立　陈小明 （银行盖章）				科目（贷） 对方科目（借） 复核　记账　制票			

57-1

中国工商银行东海分行利息贷方传票

2015年12月23日　　传票编号

付款人	全　称	工行东山分行			收款人	全　称	海天有限责任公司	
	账号或住址	180100112200100888				账号或地址	160103175500100922	
	开户银行	工行东山分行	行号	25123		开户银行	工行东山分行	行号 25123
货币金额	人民币（大写）壹仟捌佰元整						亿千百十万千百十元角分	￥180000
摘要	（银行盖章）				科目(贷) 对方科目(借) 复核　记账　制票			

代借方传票或收款通知　附件　张

59-1

浙江省增值税普通发票

发票联

0023323307　　No 048796634

开票日期：2015年12月15日

购货单位	名称：海天有限责任公司 纳税人识别号：350602004575888 地址、电话：东山市康元路162号 0130-55374151 开户行及账号：市工商银行 160103175500100922				密码区	（略）		
货物或应税劳务名称	规格型号	单位	数量	单价	金额	税率	税额	
打印纸					754.72	6%	45.28	
价税合计（大写）	⊗捌佰元整					￥800.00		
销货单位	名称：东山市百货公司 纳税人识别号：33018179093638X 地址、电话：桃源路36号 0130-37668888 开户行及账号：市工商银行 120301125776001433362				备注	东山市百货公司 33018179093638X 发票专用章		

收款人：　复核：陈敏　开票人：李园园　销货单位：(章)

国税函[2015]102号　东山万佳实业公司

第二联：发票联　购货方记账凭证

59-2

浙江省增值税普通发票

0023323307　　发　票　联　　№ 026795469

开票日期：2015 年 12 月 15 日

购货单位
名　　称：海天有限责任公司
纳税人识别号：350602004575888
地 址 、电 话：东山市康元路 162 号 0130-55374151
开户行及账号：市工商银行 160103175500100922

密码区（略）

货物或应税劳务名称	规格型号	单位	数量	单价	金　额	税率	税　额
餐费					1 471.70	6%	88.30
价税合计(大写)	⊗壹仟伍佰陆拾元整						￥1 560.00

销货单位
名　　称：东山市天海酒店
纳税人识别号：33018179042875X
地 址 、电 话：园林路 55 号 0130-76335445
开户行及账号：市农业银行 14050714886300543342

备注：（东山市天海酒店 33018179042875X 发票专用章）

收款人：　　复核：王　健　　开票人：吴　珍　　销货单位：(章)

国税函[2015]102 号　东山万佳实业公司

第二联：发票联　购货方记账凭证

59-3

浙江省增值税普通发票

0023323307　　发　票　联　　№ 011345963

开票日期：2015 年 12 月 19 日

购货单位
名　　称：海天有限责任公司
纳税人识别号：350602004575888
地 址 、电 话：东山市康元路 162 号 0130-55374151
开户行及账号：市工商银行 160103175500100922

密码区（略）

货物或应税劳务名称	规格型号	单位	数量	单价	金　额	税率	税　额
食品					2 640.57	6%	158.43
价税合计(大写)	⊗贰仟柒佰玖拾玖元整						￥2 799.00

销货单位
名　　称：东山市百货公司
纳税人识别号：33018179093638X
地 址 、电 话：桃源路 36 号 0130-37668888
开户行及账号：市工商银行 12030112577600143362

备注：（东山市百货公司 33018179093638X 发票专用章）

收款人：　　复核：陈　敏　　开票人：李园园　　销货单位：(章)

国税函[2015]102 号　东山万佳实业公司

第二联：发票联　购货方记账凭证

60-1

中国工商银行　转账支票

出票日期　2015 年 12 月 24 日

支票编号　X Ⅱ 00154198

付款人	全称	新化机械厂	收款人	全称	海天公司
	账号或住址	140100112200133462		账号或地址	160103175500100922
	开户银行	工行东山分行　行号 25129		开户银行	工行东山分行　行号 25123

货币金额	人民币（大写）壹万伍仟元整	亿	千	百	十	万	千	百	十	元	角	分
					¥	1	5	0	0	0	0	0

摘要	新华机械厂 财务专用章　王立　陈小明（银行盖章）	科目（贷） 对方科目（借） 复核　记账　制票

60-2

海天公司固定资产出租单

2015 年 12 月 24 日

名称	单位	数量	原始价值	合同规定租赁时间	月租金	支付方式	备注
仓库	平方米	300	300 000 元	18 个月	60 000 元	按季预付	

租赁单位：新华机械厂

61-1

固定资产报废单

2015 年 12 月 24 日

报废固定资产的名称 包装箱 规格 用途 包装产品

报废固定资产的存放地点 保管或使用部门 出租包装物

开始使用日期 2015 年 10 月 12 日 原值 6 000 元

已提折旧 已进行大修理次数

现在技术状况和报废原因 因出租收回后报废

申请报废部门 仓库 负责人 程大海

技术鉴定结论 经鉴定已无法继续使用，建议给予报废处理。

鉴定部门 仓库 负责人 吴 明 鉴定人 吴 明 胡 立

最后结论

同意报废。

企业负责人 张建一

62-1

浙江省增值税普通发票

发票联

0023320044 № 013544259

开票日期：2015 年 12 月 24 日

国税函[2015]102 号 东山万佳实业公司

购货单位	名称：海天有限责任公司 纳税人识别号：350602004575888 地址、电话：东山市康元路 162 号 0130-55374151 开户行及账号：市工商银行 160103175500100922			密码区	（略）		
货物或应税劳务名称	规格型号	单位	数量	单价	金额	税率	税额
餐费					2 679.25	6%	160.75
价税合计（大写）	⊗贰仟捌佰肆拾元整				￥2 840.00		
销货单位	名称：东山市紫金山酒店 纳税人识别号：33018179094289X 地址、电话：玉树路 20 号 0130-46658632 开户行及账号：市建设银行 13020612876500251132			备注	东山市紫金山酒店 33018179094289X 发票专用章		

第二联：发票联 购货方记账凭证

收款人： 复核：陈 慧 开票人：汪 健 销货单位：（章）

63-1

代垫费用清单 1

日期：2015 年 12 月 24 日　　　第 83 号

单位名称	沈阳伟星有限责任公司	代垫费用项目	运费
金　额	人民币（大写）贰仟元整		￥2 000.00
内容：销售减震器 700 件，仪表盘 700 件，东山至沈阳汽车运费。			附单据 2 张
备注：			

主管　　会计　　复核　　制单 王小红

①代垫方记账

64-1

银行承兑汇票 2

汇票号码

出票日期（大写）贰零壹伍年壹拾贰月贰拾肆日　　　第　号

出票人全称	上海华联有限责任公司			收款人	全　称	海天有限责任公司		
出票人账号	250012293350005178				账　号	160103175500100922		
付款行全称	工行上海苏中分行	行号	22036		开户行	工行东山分行	行号	25123

汇票金额	人民币（大写）壹佰柒拾玖万零叁佰元整	千	百	十	万	千	百	十	元	角	分
			￥	1	7	9	0	3	0	0	0

汇票到期日	2016 年 2 月 24 日		承兑协议编号	086
请你行承兑，到期无条件付款 出票人签章 上海华联有限责任公司财务专用章　叶晓伟印　林志颖印 2015 年 12 月 24 日		本汇票已经承兑，到期日由本行付款 工商银行苏中分行 2015.12.24 转讫（1） 承兑日期　年　月　日	科目（借）______ 对方科目（贷）______ 转账　年　月　日 复核　记账	

此联是收款人开户行随委托收款凭证寄付款行作借方凭证附件

65-1

浙江省增值税普通发票

全国统一发票监制章 国家税务总局监制

0023323307 发 票 联 No 223365449

开票日期：2015年12月25日

国税函[2015]102号 东山万佳实业公司

购货单位	名　　称：海天有限责任公司 纳税人识别号：350602004575888 地 址 、电 话：东山市康元路162号0130-55374151 开户行及账号：市工商银行160103175500100922				密码区	（略）	
货物或应税劳务名称	规格型号	单位	数量	单价	金　额	税率	税　额
水果、海鲜					21 195.52	6%	1 271.73
价税合计（大写）	⊗贰万贰仟肆佰陆拾柒元贰角五分				¥22 467.25		
销货单位	名　　称：东山市好又多量贩店 纳税人识别号：33018179095426X 地 址 、电 话：大义路66号0130-84643212 开户行及账号：市工商银行120304268554002566637				备注	东山市好又多量贩店 33018179095426X 发票专用章	

收款人：　　复核：孙菁菁　　开票人：胡　可　　销货单位：（章）

第二联：发票联　购货方记账凭证

66-1

浙江省增值税专用发票

全国统一发票监制章 国家税务总局监制

0023320044 发 票 联 No 000126111

开票日期：2015年12月18日

国税函[2015]102号 东山国利实业公司

购货单位	名　　称：海天有限责任公司 纳税人识别号：350602004575888 地 址 、电 话：东山市康元路162号0130-55374151 开户行及账号：市工商银行160103175500100922				密码区	（略）	
货物或应税劳务名称	规格型号	单位	数量	单价	金　额	税率	税　额
焊条		千克	1 000	7.50	7 500	17%	1 275.00
砂布		千克	500	3.60	1 800	17%	306.00
螺丝螺帽		千克	500	4.70	2 350	17%	399.50
价税合计（大写）	⊗壹万叁仟陆佰叁拾元伍角整				¥13 630.50		
销货单位	名　　称：东山市常化五金公司 纳税人识别号：1321000346221000 地 址 、电 话：池塘路12号0123-65602003 开户行及账号：市工商银行120303138775002477322				备注	东山市常化五金公司 1321000346221000 发票专用章	

收款人：　　复核：袁　燕　　开票人：王小华　　销货单位：（章）

第二联：发票联　购货方记账凭证

67-1

浙江省增值税普通发票

0023323307　　发票联　　№ 113225540

开票日期：2015年12月25日

国税函[2015]102号　东山万佳实业公司

购货单位	名　　称：海天有限责任公司 纳税人识别号：350602004575888 地址、电话：东山市康元路162号 0130-55374151 开户行及账号：市工商银行 160103175500100922				密码区	（略）	
货物或应税劳务名称	规格型号	单位	数量	单价	金　额	税率	税　额
2016年报纸杂志款					1 273.58	6%	76.42
价税合计（大写）	⊗壹仟叁佰伍拾元整						￥1 350.00
销货单位	名　　称：东山市邮政局公司 纳税人识别号：130600042651143650 地址、电话：合川路12号 0130-88765501 开户行及账号：市工商银行 120303138775002477732				备注	东山市邮政局公司 130600042651143650 发票专用章	

第二联：发票联　购货方记账凭证

收款人：　　复核：梁　薇　　开票人：王　欢　　销货单位：（章）

68-1

中国工商银行　银行汇票 1

出票日期 2015年12月25日　　第0139号

付款人	湖北潜江有限责任公司	收款人	海天有限责任公司
账　号或住址	180100112200100888	账　号或住址	160103175500100922
用　途	预付货款	代　理付款行	
汇票金额	人民币（大写）壹佰万元整	千 百 十 万 千 百 十 元 角 分	￥ 1 0 0 0 0 0 0 0 0
备注		科　目______ 对方科目______ 财务主管　复核　经办	

此联收款人留存

电脑打印　手工无效

69-1

中国工商银行东山分行贷方传票

2015 年 12 月 25 日　　传票编号

付款人	全　称	工行东山分行			收款人	全　称	海天有限责任公司											
	账号或住址	180100112200100888				账号或地址	160103175500100922											
	开户银行	工行东山分行	行号	25123		开户银行	工行东山分行	行号	25123									
货币金额	人民币（大写）叁拾玖万元整						亿	千	百	十	万	千	百	十	元	角	分	
									¥	3	9	0	0	0	0	0	0	
摘要	（银行盖章）						科目（贷） 对方科目（借） 复核　记账　制票											

代借方传票或收款通知　附件　张

69-2

中国工商银行东山分行利息借方传票

2015 年 12 月 25 日　　传票编号

付款人	全　称	海天有限责任公司			收款人	全　称	工行东山分行											
	账号或住址	160103175500100922				账号或地址	180100112200100001											
	开户银行	工行东山分行	行号	25123		开户银行	工行南海分行	行号	25123									
货币金额	人民币（大写）壹万元整						亿	千	百	十	万	千	百	十	元	角	分	
										¥	1	0	0	0	0	0	0	
摘要	（银行盖章）						科目（贷） 对方科目（借） 复核　记账　制票											

代贷方传票或支款通知　附件　张

70-1

代售有价证券款 保管单

2015 年 12 月 25 日 № 00765490

申请保管人	海天有限责任公司	单位及电话	0130-55374151	代售证券明细表		
面值总额	(大写)贰拾万零玖仟陆佰柒拾元整	十 万 千 百 十 元 角 分	2 0 9 6 7 0 0 0	名称	张数	面值
保管期限				银河钢铁股票	2 万股	20 000
保管费率‰		保管费				
备注: 1. 一年为一个保管期,不足一年按一年收费,逾期不足一年,逾期时间按一年算。 2. 本保管单不得流通、抵押、转让。 3. "名称"栏内应注明何种债券及具体发债单位。 4. 提取证券时凭身份证办理。			受托单位: 经办员: 复核员:			

(印章:□□证券公司 财务专用章)

71-1

上海增值税专用发票

(印章:全国统一发票监制章 国家税务总局监制)

0001326688 发 票 联 № 0001722330

开票日期:2015 年 12 月 25 日

购货单位	名称:海天有限责任公司 纳税人识别号:350602004575888 地址、电话:东山市康元路 162 号 0130-55374151 开户行及账号:市工商银行 160103175500100922			密码区	(略)		
货物或应税劳务名称	规格型号	单位	数量	单价	金 额	税率	税 额
轿车		辆	1	23.08 万元	230 800	17%	39 236.00
价税合计(大写)	⊗贰拾柒万零叁拾陆元整				¥270 036.00		
销货单位	名称:上海通用汽车销售服务公司 纳税人识别号:1001000346222770 地址、电话:浦东路 18 号 0021-85601111 开户行及账号:市工商银行 12030313877500247732			备注	(印章:上海通用汽车销售服务公司 1001000346222770 发票专用章)		

收款人: 复核:张华利 开票人:李小丽 销货单位:(章)

国税函[2015]102 号 上海佳国实业公司

第二联:发票联 购货方记账凭证

71-2

中国工商银行人行电子联行电划贷方补充报单(第三联)

工行东山市运行分中心城区核算组　　2015 年 12 月 25 日　　凭证编号:330

汇出行行号	23435	汇入行行号	25123	凭证提交号	38127899
付款人 账号	1001000346222770		收款人 账号	160103175500100922	
付款人 名称	上海通用汽车销售有限责任公司		收款人 名称	海天有限责任公司	
金额(大写)	肆万玖仟元整		金　额	¥49 000.00	
事　由	货款		应解汇款编号:		
上列款项已代进账,如有误,请持此联来行商洽。此致	(银行盖章)		科　目(贷)＿＿ 对方科目(借)＿＿ 解汇日期:2015 年 12 月 25 日 复核:　记账:　出纳:		

(此联送收款人代收款通知或取款收据)　　电脑打印　手工无效

72-1

固定资产报废单

2015 年 12 月 26 日

报废固定资产的名称 东风 5 吨运输车　规格＿＿＿＿　用途＿＿＿＿

报废固定资产的存放地点＿＿＿＿　保管或使用部门＿＿＿＿

开始使用日期 2013 年 1 月 12 日　原值 200 000 元

已提折旧 90 000 元　已进行大修理次数＿＿＿＿

现在技术状况和报废原因　因交通事故报废

申请报废部门＿＿＿＿　负责人 程大海

技术鉴定结论 经鉴定已无法继续使用,建议给予报废处理。

鉴定部门＿＿＿＿　负责人 程　明　鉴定人 程　明　李　立

最后结论

同意报废。

企业负责人 张建一

72-2

浙江省增值税普通发票

发 票 联

0023323307

№ 006938834

开票日期：2015 年 12 月 26 日

国税函[2015]102 号 东山万佳实业公司

购货单位	名 称：海天有限责任公司 纳税人识别号：350602004575888 地 址 、电 话：东山市康元路 162 号 0130-55374151 开户行及账号：市工商银行 160103175500100922				密码区	（略）		
货物或应税劳务名称	规格型号	单位	数量	单价	金 额	税率	税 额	
东风 5 吨运输车					6 603.77	6%	396.23	
价税合计（大写）	⊗柒仟元整					¥7 000.00		
销货单位	名 称：东山市废旧物资回收公司 纳税人识别号：120400032336546680 地 址 、电 话：胜利路 49 号 0130-88636544 开户行及账号：市工商银行 160405785500100355				备注	东山市废旧物资回收公司 120400032336546680 发票专用章		

收款人： 复核：李小萌 开票人：王丽丽 销货单位：（章）

第二联：发票联 购货方记账凭证

73-1

中国工商银行东山分行利息借方传票

2015 年 12 月 26 日 传票编号

付款人	全 称	海天有限责任公司		收款人	全 称	工行东山分行		
	账号或住址	160103175500100922			账号或地址	180100112200100001		
	开户银行	工行东山分行	行号 25123		开户银行	工行南海分行	行号 25123	
货币金额	人民币（大写）叁万陆仟元整					亿 千 百 十 万 千 百 十 元 角 分	¥ 3 6 0 0 0 0 0	
摘要	（银行盖章）				科目（贷） 对方科目（借） 复核 记账 制票			

代贷方传票或支款通知 附件 张

74-1

浙江省增值税普通发票

全国统一发票监制章　国家税务局监制

0023323307　　　　发票联　　　　№ 011136653

开票日期：2015 年 12 月 25 日

国税函[2015]102 号　东山万佳实业公司

购货单位	名　　称：海天有限责任公司 纳税人识别号：350602004575888 地 址 、电 话：东山市康元路 162 号 0130-55374151 开户行及账号：市工商银行 160103175500100922				密码区	（略）	
货物或应税劳务名称	规格型号	单位	数量	单价	金　额	税率	税　额
衣柜					104 716.98 47 169.81	6% 6%	6 283.02 2 830.19
价税合计(大写)	⊗壹拾陆万壹仟元整				¥161 000.00		
销货单位	名　　称：东山家具大世界 纳税人识别号：330181790956892 地 址 、电 话：国富路 28 号 0130-82563419 开户行及账号：市农业银行 150204185500100842				备注	东山家具大世界 330181790956892 发票专用章	

收款人：　　复核：何　欢　　开票人：李　敏　　销货单位：(章)

第二联：发票联　购货方记账凭证

77-1

中国工商银行　转账支票

出票日期　2015 年 12 月 29 日　　　　支票编号 X Ⅱ 00163274

付款人	全　称	商业公司		收款人	全　称	海天公司	
	账号或住址	130100112200100779			账号或地址	160103175500100922	
	开户银行	工行东山分行	行号 25129		开户银行	工行东山分行	行号 25123

货币金额	人民币(大写)	亿	千	百	十	万	千	百	十	元	角	分
	伍仟元整					¥	5	0	0	0	0	0

摘要	东山市商业公司 财务专用章 王金祥　陈红明 (银行盖章)	科目(贷) 对方科目(借) 复核　　记账　　制票

78-1

东山市人民医院医疗费汇总结算单

2015 年 12 月 28 日 No 42486

单　位	海天机械制造加工有限责任公司	医疗合同号	225
医疗人次	12 人次	联单张数	25 张
医疗费总计	人民币(大写)叁仟玖佰肆拾元整		
东山市人民医院(公章)			

附件略

主管　　会计　　制单 周晓红

82-1

待摊费用分配表

2015 年 12 月 31 日

车间或部门	房屋租赁费	财产保险费	广告费
基本生产车间			
动力车间			
机修车间			
管理部门			
业务部门			
合　计			

会计：　　复核：　　制表：

84-1

坏账准备提取表

2015 年 12 月 31 日 提取率：‰

项　目	应收账款	坏账准备
年初结存金额		
年末结存金额及提取数		
本年应提坏账准备金额		

制单：

85-1

工资结算汇总表

单位:元

部　　门	应付工资	代垫职工食堂伙食	个人负担养老保险	个人负担医疗保险	代交个人所得税
车间生产工人		(略)	(略)	(略)	(略)
车间管理人员					
机修车间					
动力车间					
公司管理部门					
浴室、医务室					
一号厂房改建工程管理人员					
合计					

制单:

85-2

产品产量及耗用工时记录表

产品	工时(机器小时)	产量
减震器		
仪表盘		
合计		

制单:

85-3

工资费用分配表

分配对象	分配标准	分配率	分配额
仪表盘			
减震器			
合计			

制单:

85-4

工资费用分配汇总表

应借账户		应贷账户	
总分类账户	明细分类账户	应付工资	应付职工薪酬
基本生产成本	仪表盘		
	减震器		
辅助生产成本	机修车间		
	动力车间		
制造费用			
管理费用			
应付职工薪酬			
在建工程			
合计			

制单：

87-1

工会经费计算表

2015 年 12 月 31 日

月 份	工资总额	提 取 率	应 拨 工 会 经 费 额
12			

制单：

87-2

职工教育经费计算表

2015 年 12 月 31 日

月 份	工资总额	提 取 率	应提取职工教育费
12			

制单：

88-1

月末材料成本差异率计算表

2015 年 12 月

总账科目	明细科目	借方差异（超支）	贷方差异（节约）	差异率
材料采购	原材料			
	包装物			
	低耗品及辅材			
合计				

制单：

89-1

材料盘盈（亏）报告表

仓库：3 号材料仓库　　2015 年 12 月 31 日　　差异率：

品　名	单　位	计划单价	数　量		金　额	原因及处理
			盘　盈	盘　亏		
橡胶盘	千克					
安装备件	千克					
合　计						

主管　　会计　　仓库负责人　　保管

90-1

原料及主要材料发料数量记录表

总账科目	明细科目	橡胶盘	弹簧圈	空心线材	安装备件	辅助材料	包装物
生产成本——基本生产成本	仪表盘						
	减震器						
生产成本——辅助生产成本	动力车间						
	机修车间						
制造费用	物料消耗						
管理费用	公司经费						
其他业务成本	材料销售						
销售费用	物料消耗						
在建工程	一号厂房改建工程						
合　　计							

制单：

90-2

发料凭证分配汇总表

单位：元

总账科目	明细科目	原料及主要材料计划成本	辅助材料计划成本	包装物	材料成本差异	总计
生产成本——基本生产成本	仪表盘					
	减震器					
生产成本——辅助生产成本	动力车间					
	机修车间					
制造费用	物料消耗					
管理费用	公司经费					
其他业务成本	材料销售					
销售费用	物料消耗					
在建工程	一号厂房改建工程					
合计						

（原材料成本差异率______；包装物成本差异率______；辅材及低耗品成本差异率______。）

制单：

91-1

浙江省增值税普通发票

发票联

0023323307　　　　№ 002236633

开票日期：2015 年 12 月 31 日

国税函[2015]102号　东山万佳实业公司

购货单位	名称：海天有限责任公司 纳税人识别号：350602004575888 地址、电话：东山市康元路 162 号 0130-55374151 开户行及账号：市工商银行 160103175500100922	密码区	（略）

货物或应税劳务名称	规格型号	单位	数量	单价	金额	税率	税额
电费					43 691.89	6%	2 621.51
价税合计（大写）	⊗肆万陆仟叁佰壹拾叁元肆角						¥46 313.40

销货单位	名称：东山市电力公司 纳税人识别号：350701003675844 地址、电话：胜利路 58 号 0130-88703408 开户行及账号：市工商银行 150506148876003466682	备注	东山市电力公司 350701003675844 发票专用章

收款人：　　复核：李小强　　开票人：王丽丽　　销货单位：（章）

第二联：发票联　购货方记账凭证

91-2

外购动力费分配表

产品、部门、项目	产 量(件)	单位消耗定额(度)	定额耗用量(度)	分 配 率	应分配金额
仪表盘					
减震器					
动力车间					
机修车间					
基本生产车间					
管理部门					
在建工程					
浴室和医务室					
合 计					

制单：

91-3

浙江省增值税普通发票

发 票 联

0023323307　　　　No 001325534

开票日期：2015 年 12 月 31 日

国税函[2015]102 号 东山万佳实业公司

购货单位	名 称：海天有限责任公司 纳税人识别号：350602004575888 地 址 、电 话：东山市康元路 162 号 0130-55374151 开户行及账号：市工商银行 160103175500100922			密码区	(略)		
货物或应税劳务名称	规格型号	单位	数量	单价	金 额	税率	税 额
水费					17 400.00	6%	1 044.00
价税合计(大写)	⊗壹万捌仟肆佰肆拾肆元整				¥18 444.00		
销货单位	名 称：东山市供水公司 纳税人识别号：120200055643246680 地 址 、电 话：桃源路 78 号 0130-47663883 开户行及账号：市工商银行 160304185900100422			备注	东山市供水公司 120200055643246680 发票专用章		

第二联：发票联 购货方记账凭证

收款人：　　复核：陈小飞　　开票人：吴 峰　　销货单位：(章)

91-4

浙江省增值税普通发票

0023323307　　发票联　　№ 001325535

开票日期:2015 年 12 月 31 日

购货单位	名　　称:海天有限责任公司 纳税人识别号:350602004575888 地 址 、电 话:东山市康元路 162 号 0130-55374151 开户行及账号:市工商银行 160103175500100922				密码区	(略)	
货物或应税劳务名称	规格型号	单位	数量	单价	金　额	税率	税　额
排水设施使用费					5 800.00	6%	348.00
价税合计(大写)	⊗陆仟壹佰肆拾捌元整				¥6 148.00		
销货单位	名　　称:东山市供水公司 纳税人识别号:120200055643246680 地 址 、电 话:桃源路 78 号 0130-47663883 开户行及账号:市工商银行 160304185900100422				备注	东山市供水公司 120200055643246680 发票专用章	

收款人:.　　复核:陈小飞　　开票人:吴　峰　　销货单位:(章)

国税函[2015] 102 号　东山万佳实业公司

第二联:发票联　购货方记账凭证

91-5

水费分配表

部门、项目	耗用量(立方米)	分　配　率	应分配金额	备　　注
动力车间				
机修车间				
基本生产车间				
管理部门				
在建工程				
浴室和医务室				
合　　计				

制单:

92-1

固定资产折旧计算表

部门	固定资产类型	固定资产原值(元)	预计净残值率	使用年限(年)	年折旧额(元)	月折旧额(元)
基本车间	房屋	5 140 000	5%	20		
	机床加工设备	2 695 540	3%	10		
	专用电子设备	2 200 400	3%	10		
	其他专用设备	270 300	3%	5		
	合　计	10 306 240				
机修车间	房屋	439 400	5%	20		
	机床加工设备	1 077 600	3%	10		
	其他专用设备	600 090	3%	5		
	合　计	2 117 090				
动力车间	房屋	609 000	5%	20		
	内燃发电组	1 055 900	3%	10		
	其他专用设备	865 000	3%	5		
	合　计	2 529 900				
管理部门房屋		1 700 000.00		15		
管理部门设备		521 875.00		5		
出租房屋		800 000.00		~~15~~		
不需用固定资产		47 093.00		5		
总　计		18 022 198.00				

制单：

93-1

辅助生产提供的劳务、作业量汇总表

部门	机修车间(机器小时)	动力车间(燃气度)
机修车间	—	200
运输车间	100	—
基本生产车间	700	12 000
管理部门	200	15 000
浴室	100	6 000
合计	1 100	33 200

制单：

93-2

辅助生产费用分配表

辅助生产车间	应分配费用	提供劳务总量	单位成本	各受益单位的受益数量和应分配费用					
				基本生产车间		管理部门		浴室	
				数量	金额	数量	金额	数量	金额
机修									
动力									
合计									

制单：

94-1

基本生产车间制造费用分配表

2015 年 12 月 31 日

分配对象	分 配 标 准	分 配 率	应 分 配 金 额
仪表盘			
减震器			
合 计			

制单：

95-1

生产情况报告表

编报单位:基本生产车间　　　　2015 年 12 月

产品名称	单位	月初在产品	本月投产	本月完工入库	月末在产品	在产品完工程度
	件					
	件					
合　计						

注:原材料均为一次投料。　　　　制单:

95-2

产品入库汇总表

编报单位:成品仓库　　　　2015 年 12 月

编　号	品　名	规　格	单　位	数　量	备　注
			件		
			件		

主管:　　　　记账:　　　　保管:

95-3

生产成本计算表

完工产品：

产品名称： 2015 年 12 月 在产品： 件 完工程度：

摘　要	成本项目			合　计
	直接材料	直接人工	制造费用	
月初在产品成本				

制单：

95-4

生产成本计算表

完工产品：

产品名称： 2015 年 12 月 在产品： 件 完工程度：

摘　要	成本项目			合　计
	直接材料	直接人工	制造费用	
月初在产品成本				

制单：

96-1

产品销售成本汇总表

2015年12月31日

项　目	仪表盘		减震器		合　计
	数　量	金　额	数　量	金　额	
月初结存					
本月入库					
加权平均单价					
本月销售产品制造成本					

制单：

97-1

内部转账单

2015年12月31日

摘要	金额	备　注
		经批准"待处理财产损溢"账户按计量差错转销。
合　计		

制单：

98-1

内部转账单

2015年12月31日

摘要	金额	备　注
		经批准"固定资产清理"账户按正常报废损失转销。
合　计		

制单：

99-1

内部转账单

转账日期 2015 年 12 月 31 日　　　　No 04171

摘　要	转　账　项　目	金　额
合　　计		

制单：

99-2

内部转账单

转账日期 2015 年 12 月 31 日　　　　No 04172

摘　要	转　账　项　目	金　额
合　计		

制单：

99-3

内部转账单

转账日期:2015 年 12 月 31 日

摘　要	金　额
金额大写:	

制单:

100-1

利润分配计算表

2015 年 12 月 31 日

分　配　项　目	分配依据金额	分　配　率	应分配金额
合　计			

制单: